MIX
Papier aus verantwortungsvollen Quellen
Paper from responsible sources
FSC® C105338

Bernhard Mähr

Aufbau einer SOA auf Basis des Finanzmanagements von Microsoft Dynamics NAV 2009

Bachelor + Master Publishing

Mähr, Bernhard: Aufbau einer SOA auf Basis des Finanzmanagements von Microsoft Dynamics NAV 2009, Hamburg, Bachelor + Master Publishing 2013

Originaltitel der Abschlussarbeit: Aufbau einer SOA auf Basis des Finanzmanagements von Microsoft Dynamics NAV 2009

Buch-ISBN: 978-3-95549-371-4
PDF-eBook-ISBN: 978-3-95549-871-9
Druck/Herstellung: Bachelor + Master Publishing, Hamburg, 2013
Covermotiv: © Kobes · Fotolia.com
Zugl. Fachhochschule Vorarlberg GmbH, Dornbirn, Österreich, Bachelorarbeit, 2010

Bibliografische Information der Deutschen Nationalbibliothek:
Die Deutsche Nationalbibliothek verzeichnet diese Publikation in der Deutschen Nationalbibliografie; detaillierte bibliografische Daten sind im Internet über http://dnb.d-nb.de abrufbar.

Das Werk einschließlich aller seiner Teile ist urheberrechtlich geschützt. Jede Verwertung außerhalb der Grenzen des Urheberrechtsgesetzes ist ohne Zustimmung des Verlages unzulässig und strafbar. Dies gilt insbesondere für Vervielfältigungen, Übersetzungen, Mikroverfilmungen und die Einspeicherung und Bearbeitung in elektronischen Systemen.

Die Wiedergabe von Gebrauchsnamen, Handelsnamen, Warenbezeichnungen usw. in diesem Werk berechtigt auch ohne besondere Kennzeichnung nicht zu der Annahme, dass solche Namen im Sinne der Warenzeichen- und Markenschutz-Gesetzgebung als frei zu betrachten wären und daher von jedermann benutzt werden dürften.

Die Informationen in diesem Werk wurden mit Sorgfalt erarbeitet. Dennoch können Fehler nicht vollständig ausgeschlossen werden und die Diplomica Verlag GmbH, die Autoren oder Übersetzer übernehmen keine juristische Verantwortung oder irgendeine Haftung für evtl. verbliebene fehlerhafte Angaben und deren Folgen.

Alle Rechte vorbehalten

© Bachelor + Master Publishing, Imprint der Diplomica Verlag GmbH
Hermannstal 119k, 22119 Hamburg
http://www.diplomica-verlag.de, Hamburg 2013
Printed in Germany

Abstract

Far from being another thesis on a meta-theory abstraction level about service oriented architectures, this work is a detailed study of the specific very first step in a SOA initiative. As meta-theory basis an already existing procedure model is used and transferred to a business specific model based on an ERP System called Microsoft Dynamics NAV 2009. With this foundation specific cases are covered in the field of financial management. In addition this thesis creates value through the concept of covering important aspects from management to in-depth informatics studies. It builds a foundation on three of the most important scientific disciplines. These disciplines are business administration, informatics and the dynamics in human social behavior and communication. As a result the theories in this work are valid for numerous different companies as this work is based on pure science and not on specific business cases of a specific company or institution.

Kurzreferat

Nicht als eine weitere Arbeit auf einer Metatheorieebene über serviceorientierte Architekturen, sondern als detaillierte Forschungsarbeit über eine SOA Initiative erforscht diese Bachelorarbeit den ersten Schritt beim Aufbau einer SOA. Als Metatheorie wird dabei ein existierendes Vorgehensmodell verwendet und in ein geschäftsspezifisches, auf dem ERP System Microsoft Dynamics NAV 2009 basierendes Model transferiert. Auf dieser Grundlage werden spezielle Anwendungsfälle im Bereich des Finanzmanagements untersucht. Zusätzlich erzeugt diese Bachelorarbeit einen Wert, indem sie diverse Aspekte aus drei verschiedenen Disziplinen untersucht und zusammenführt. Dabei relevant sind die Betriebswirtschaft, die Informatik und die soziale Verhaltens- und Kommunikationsdynamik. Als Ergebnis einer rein wissenschaftlichen Arbeit, die nicht aus einem spezifischen Unternehmen heraus erstellt wurde, sind die gewonnenen Schlüsse dieser Bachelorarbeit allgemeingültig für unterschiedlichste Organisationen.

Vorwort

Wie groß muss ein Pferd sein, damit es als Steckenpferd im goldenen Stall der Consultants und Geschäftsführer stehen darf? Serviceorientierte Architekturen, kurz SOA, wurden ein Modewort und damit, wie Sebastian Stein auf seinem Promotionsblog schreibt, bedeutungsschwanger.

Nachdem ein Steckenpferd auch etwas hergeben soll, soll das damit verbundene Ziel schwer zu erreichen sein und möglichst groß und übermächtig erscheinen. Implizit ergeben sich mit einem großen Konzerngedanken oft noch weitere Gedanken wie zentrale Verwaltung, die Security Problematik und die innerbetriebliche IT. Hier und heute soll aber ein anderes Kind geboren werden.

Eine SOA ist eine Architektur um einzelne Dienste eines Unternehmens in Software abzubilden. Diese Dienste müssten ansonsten von Hand durchgeführt werden, wobei sich bei jedem Dienst die Frage der Rentabilität einer Softwareabbildung erneut stellt. Auch die Buchhaltung wurde schließlich einmal von Hand gemacht, wenngleich dies schon sehr lange her ist.

Genauso wie sich die betriebliche Tätigkeit nicht ständig innerhalb der vier Wände eines Unternehmens abspielen soll, soll auch eine SOA nicht ein einziges Mauerwerk ohne Kontakt nach außen darstellen. Mit dieser Arbeit wird die gegenteilige Sicht absichtlich ins Extreme geführt um zu kreativen neuen Erkenntnissen zu gelangen. Was könnte hierzu geeigneter sein als das Internet, stellt es doch einen dezentralen Gedanken in der IT dar. Insofern könnte man diese Arbeit technisch auch Port 80 oder 443 SOA nennen.

"Give a man a fish and you feed him for a day; teach him to use the Internet, and he won't bother you for weeks!" (Roys 2008, S. 311)

An dieser Stelle möchte ich meiner Halbschwester Silvia Mähr herzlich danken, die sich die Mühe gemacht hat, diese Arbeit zu lesen und Korrekturvorschläge zu machen.

Bernhard Mähr

Zur Erhöhung der Lesbarkeit wurde auf eine explizite Nennung beider Geschlechter verzichtet. Die gewählte Form bezieht sich auf beide Geschlechter.

Inhaltsverzeichnis

Darstellungsverzeichnis VIII

Abkürzungsverzeichnis IX

1. Einführung 1
   1.1. Einleitung und Problemstellung 1
   1.2. Zielsetzung und Forschungsfrage 1
   1.3. Vorgehensweise und Methoden 3
   1.4. Konzept zur notwendigen Forschungstiefe 4
2. Eingliederung in bestehendes Wissen 5
   2.1. Dynamics NAV 2009 aus betriebswirtschaftlicher Sicht 5
      2.1.1 ERP Systeme als Lösung in der Informationswirtschaft 5
      2.1.2 Der Kern des ERP Systems Microsoft Dynamics NAV 2009 8
      2.1.3 Conclusio aus betriebswirtschaftlicher Sicht 9
   2.2. SOA und Dynamics NAV 2009 aus technischer Sicht 10
      2.2.1 Die Dynamics NAV 2009 Systemarchitektur 10
      2.2.2 Weitere SOA Komponenten in der Architektur 12
      2.2.3 Technische Voraussetzungen einer SOA 14
      2.2.4 Conclusio aus technischer Sicht 16
   2.3. SOA aus dynamischer Sicht 17
      2.3.1 Vorgehensmodell 17
      2.3.2 Prozessmodellierung und Aufbau der Servicearchitektur 17
      2.3.3 Anpassung des Vorgehensmodells und Umsetzungsprozesse ... 18
      2.3.4 Conclusio aus dynamischer Sicht 19
   2.4. SOA aus Sicht des Finanzmanagements 20
      2.4.1 Kernfunktionen 20
      2.4.2 Die Mehrwertssteuer und die Vorsteuer 21
      2.4.3 Buchungen in die Haupt- und Nebenbücher 21
      2.4.4 Spezielle Anforderungen in den Nebenbüchern 22
      2.4.5 Teilprozesse im Finanzmanagement 22
      2.4.6 Conclusio im Finanzmanagement 23
   2.5. Conclusio und Antwort auf die Sekundärfrage der Eingliederung 23

- 3. Aufbau der Servicearchitektur 24
  - 3.1. Die Softwarearchitektur 24
    - 3.1.1 Prozessmodellierung 24
    - 3.1.2 Unterstützung in der Serviceerstellung 25
    - 3.1.3 Die Workflow Unterstützung ist die Orchestrierung für REST 25
    - 3.1.4 Lösung von Kommunikationsanforderungen 26
    - 3.1.5 Das Application Frontend 27
    - 3.1.6 Die Ressourcenfreigabe über die REST Schnittstelle 27
    - 3.1.7 Conclusio und Antwort zur Softwarearchitektur 31
  - 3.2. Der schnell sichtbare Erfolg 32
    - 3.2.1 Der schnelle Erfolg richtig durchgeführt 32
    - 3.2.2 Beachtung des Transaktionsrisikos nach HGB 32
    - 3.2.3 Maßnahmen zur Behandlung des Transaktionsrisikos 33
    - 3.2.4 Conclusio und Beantwortung der Frage nach schnellem Erfolg .. 33
  - 3.3. Informationsgestaltung und Dokumentation 34
    - 3.3.1 Eindeutige Kennzeichnung der Anforderungen 34
    - 3.3.2 Die eindeutige ERP Ressourcenkennzeichnung 34
    - 3.3.3 Zuordnen der Resourcen und Anforderungen zu den Services .. 35
    - 3.3.4 Informationsgestaltungsprozess anhand des Wechselkurs Beispiels 35
    - 3.3.5 Conclusio und Antwort auf die Frage nach der Dokumentation .. 39
  - 3.4. Potential für wertschöpfende Services 40
    - 3.4.1 Die vollständige Überführung der Buchhaltung 40
    - 3.4.2 Finanzinformationen im Projektmanagement 40
    - 3.4.3 Conclusio und Antwort auf die Frage nach der Wertschöpfung .. 41
  - 3.5. Die Antwort auf die primäre Forschungsfrage 41
- 4. Conclusio 42

Literaturverzeichnis 43

Darstellungsverzeichnis

Abbildung 1: Der Weg zur Beantwortung der Forschungsfrage 2

Abbildung 2: Gründe zur Einführung eines ERP Systems..6

Abbildung 3: Zusätzliche Serviceaspekte führen zu einer SOA...............................7

Abbildung 4: Ursache - Wirkprinzip zur Einführung einer SOA................................9

Abbildung 5: Alternative zur Single ESB Lösung nach Harby................................15

Abbildung 6: Betrachtung der Rückwirkungen auf das ERP System.....................16

Abbildung 7: Freigabe von ERP Resourcen als Webservice..................................28

Abbildung 8: Design einer für einen Webservice zusammengestellten Datenseite 29

Abbildung 9: Einheitliche Webservice Schnittstelle zur Codierung in Visual Studio 30

Abbildung 10: SOA Architektur..31

Abbildung 11: EPK des SOA Prozesses zur Vermeidung des Transaktionsrisikos 37

Abbildung 12: Design einer Page für den Wechselkurs Ressourcenzugriff...........38

Abkürzungsverzeichnis

Abkürzung	Beschreibung
API	Application Programming Interface (dt. Programmierinterface)
ARIS	Architektur integrierter Informationssysteme (Softwareprodukt)
BPEL	Business Process Execution Language
B2B	Business to Business (dt. Unternehmen als Kunden)
EPK	Ereignisgesteuerte Prozesskette
ERP	Enterprise Resource Planning (dt. Ressourcenplanung)
ESB	Enterprise Service Bus
FIFO	First In First Out (Lagerstrategie)
HGB	Handelsgesetzbuch
HTTP	Hypertext Transfer Protocol
ID	Identifier (dt. Identifizierungsmerkmal)
IDS-Scheer	Die Unternehmensberater dieser Firma vertreiben ARIS
IIS	Internet Information Server
IT	Informationstechnologie
LIFO	Last In First Out (Lagerstrategie)
MWSt	Mehrwertsteuer
REST	Representational State Transfer
SAP	ERP System des deutschen Softwareunternehmens SAP AG
SOA	Serviceorientierte Architektur
SOAP	Simple Object Access Protokoll
SQL	Sequel Query Language (dt. Datenbank – Abfragesprache)
UDDI	Universal Description, Discovery and Integration
UML	Unified Modeling Language (Modellierungssprache)
URL	Uniform Resource Locator (dt. Einheitlicher Quellenanzeiger)
VSt	Vorsteuer
WCF	Windows Communication Foundation
WF	Windows Workflow Foundation
WSDL	Web Service Description Language
XML	Extensible Markup Language

1. Einführung

1.1. Einleitung und Problemstellung

Mit der Dynamics NAV Version 2009 hat Microsoft zum ersten Mal für dieses ERP Softwareprodukt die technologische Basis für eine Serviceanbindung dieses ERP Systems geschaffen. Für ein zukunftsweisendes IT System wäre eine serviceorientierte Architektur wünschenswert. Die wichtigste Basis stellt hierfür das Finanzmanagement im ERP System dar. Sebastian Stein und Konstantin Ivanov haben 2007 für die IDS-Scheer ein Vorgehensmodell zur Entwicklung von Geschäftsservices entwickelt. Innerhalb dieses Vorgehensmodelles werden als erste zwei Schritte die „serviceorientierte Geschäftsprozessmodellierung" und der „Aufbau einer Servicearchitektur" genannt, welche parallel durchgeführt werden können. Es stellt sich also die Frage wie der Schritt „Aufbau einer Servicearchitektur" auf Basis des Finanzmanagements angepasst an Dynamics NAV 2009 aussieht, wie eine entsprechende Softwarearchitektur aussehen kann und ob sich Microsoft Dynamics NAV 2009 für den Aufbau einer serviceorientierten Architektur eignet.

1.2. Zielsetzung und Forschungsfrage

Ziel dieser Arbeit ist es, ausgehend von einem Vorgehensmodell von IDS Scheer den Schritt des Aufbauens einer Servicearchitektur an die Eigenheiten von Microsoft Dynamics NAV 2009 anzupassen und anhand des Finanzmanagements zu betrachten. Gleichzeitig soll dabei bereits in diesem ersten Schritt Rücksicht auf die lt. IDS Scheer später zu erfolgenden Schritte in der Informatik genommen werden. Hierfür wird eine erste Vorstellung einer Softwarearchitektur auf Basis von Dynamics NAV 2009 benötigt. Zusätzlich wünschenswert wäre auch die Erzeugung eines sofortigen Mehrwertes um die Akzeptanz eines möglichen Projektes zu steigern. Aus dieser Zielsetzung ergibt sich daher die folgende Forschungsfrage.

Wie sieht der Aufbau einer Servicearchitektur, als parallel zur Geschäftsprozessmodellierung durchführbarer Schritt, in einem ersten Teilbereich des Finanzmanagements von Microsoft Dynamics NAV 2009 aus?

Diese Forschungsfrage beinhaltet mehrere wichtige Teilaspekte aus unterschiedlichen Wissensgebieten. Die Frage nach der Servicearchitektur kommt aus dem Fachbereich der Informatik. Das Kernwissen über das Finanzmanagement vom ERP System Microsoft Dynamics NAV 2009 kommt aus der Betriebswirtschaft. Zur Beantwortung der Frage wie der erste Schritt aussehen kann, muss die bei der Einführung entstehende Dynamik in einem bestehenden Unternehmen betrachtet werden und die Belegschaft aktiv und richtig in das Vorhaben eingebunden werden, um sie auf dem Weg nicht zurückzulassen. Der Weg zur Beantwortung der Forschungsfrage stützt sich damit auf die Beantwortung von Teilfragen aus diesen drei Wissensgebieten wie die folgende Darstellung verdeutlicht.

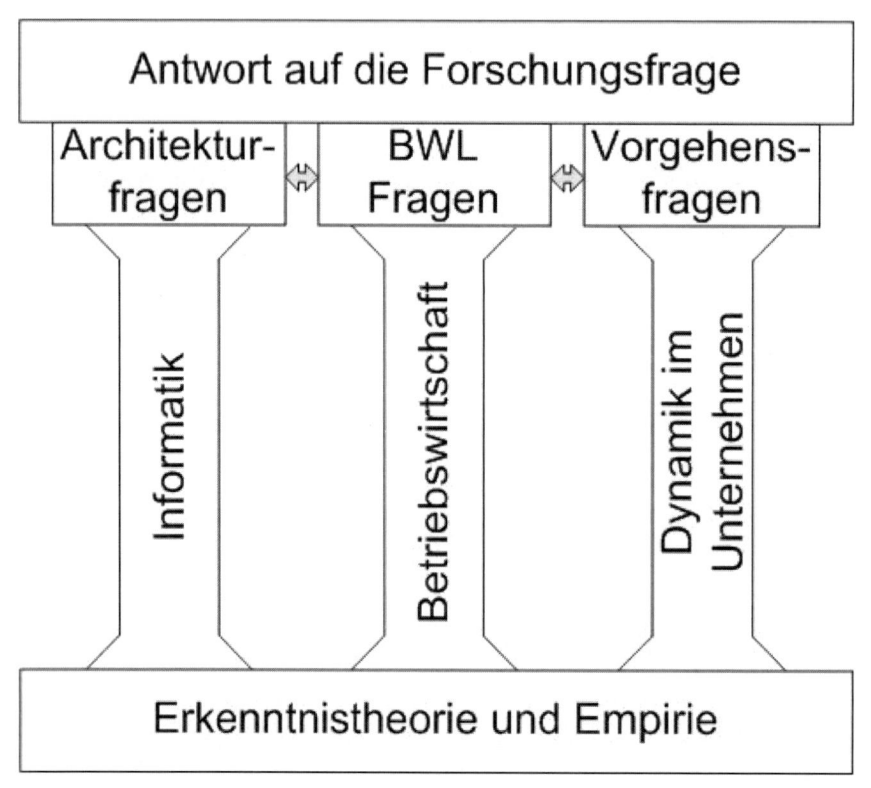

Abbildung 1: Der Weg zur Beantwortung der Forschungsfrage
Quelle: Eigene Ausarbeitung

Um die Forschungsfrage ausreichend beantworten zu können müssen folgende Sekundärfragen aus diesen drei Wissensgebieten beantwortet werden.

Wie gliedert sich diese Forschungsarbeit in bestehendes Wissen ein?
Warum bietet das Finanzmanagement Potential für wertschöpfende Services zur Erhöhung der Unternehmensflexibilität?

Gibt es im Finanzmanagement eine Möglichkeit einen schnell sichtbaren Erfolg zur Erhöhung der Akzeptanz eines SOA Vorhabens zu erreichen?

Warum eignet sich Microsoft Dynamics NAV 2009 aus Softwarearchitektursicht zur Einführung einer SOA (nicht?) und wie sieht eine entsprechende Softwarearchitektur zur Integration aus?

Wie werden die benötigten Informationen für die Informatik und für die Geschäftsprozessmodellierung anhand eines Beispiels am besten zur Verfügung gestellt?

1.3. Vorgehensweise und Methoden

Ein Großteil der Forschungsarbeit wird über eine Literaturrecherche geleistet. Dabei muss aktuelle systemunabhängige Literatur über serviceorientierte Architekturen mit Literatur und Wissen über Microsoft Dynamics NAV 2009 im Speziellen und die Softwareerstellung mit Microsoft Produkten im Allgemeinen zusammengebracht werden. Aus dieser übergreifenden Betrachtungsweise sollen Schlüsse für die Beantwortung der Forschungsfrage gezogen werden.

Um eine klar nachvollziehbare Argumentation zu gewährleisten wird im Aufbau dieser Arbeit jedes Kapitel oder Unterkapitel am Schluss mit einer Conclusio, die sich auf das jeweilige Kapitel oder Unterkapitel bezieht, geschlossen.

1.4. Konzept zur notwendigen Forschungstiefe

Zur Beantwortung der Fragen bietet sich das statistische Pareto Prinzip an (vgl. PMBOK 2008, S. 211). Dies bedeutet sowohl in den betriebswirtschaftlichen Fragestellungen, als auch für die Beantwortung der Fragestellung zur Vorgehensweise lassen sich die notwendigen 80% für das Ergebnis mit 20% Aufwand gut abdecken. In der Informatik stolpert ein Vorhaben aber oft über jene restlichen 20%, die nicht mehr betrachtet wurden. So kommt es immer wieder vor, dass aus einer Beschreibung eines Features einer bestimmten Software geschlossen wird, dass die Anforderungen erfüllt sind. Diese Annahme ist oft falsch und lässt viele Vorhaben scheitern. Die bessere Vorgehensweise für diese Arbeit ist daher der Weg zurück zur Quelle, welche im Fall der Informatik die Programmierbarkeit mit einer universell einsetzbaren, objektorientierten Programmiersprache wie C# darstellt (vgl. Bayer 2008, S. 231). Ab dem Moment an dem ein Informatiker grundsätzlich alle Möglichkeiten hat und die Spezifikation in einer solchen Programmiersprache implementieren kann, lässt sich dann auch argumentieren, dass damit grundsätzlich auch alle Anforderungen erfüllbar sind. Hierfür muss dann die aufwändige Programmierarbeit nicht mehr durchgeführt werden, da diese zur Beantwortung der Fragestellung keinen nennenswerten Beitrag mehr leistet. Der Weg zum Ziel ist in der Informatik also eine Rückführung auf die Programmierung und eine bestmögliche Unterstützung der Informatiker zur Reduktion der Aufwände.

2. Eingliederung in bestehendes Wissen

2.1. Dynamics NAV 2009 aus betriebswirtschaftlicher Sicht

2.1.1 ERP Systeme als Lösung in der Informationswirtschaft

„Die Unternehmensführung hat die Aufgabe, den Prozeß der betrieblichen Leistungserstellung und –verwertung so zu gestalten, daß das (die) Unternehmensziel(e) auf höchstmöglichem Niveau erreicht wird (werden)." (Wöhe 2005, S. 62)

Eine wichtige Funktion jeder Unternehmensführung besteht darin, mit Informationen im Unternehmen so umzugehen, dass dies zum langfristigen Erfolg des Unternehmens führt. Informationen sollen den Prozess der Leistungserstellung und den Managementprozess bestmöglich unterstützen (vgl. Wöhe 2005, S. 64). Man spricht bei diesem Kernbereich der Betriebswirtschaft auch von der Informationswirtschaft (vgl. Wöhe 2005, S. 193).

Damit Informationen ihren vollen Nutzen entfalten können, muss ein zugehöriges Informationssystem sowohl vertikal als auch horizontal in der Organisationsstruktur vollintegriert sein (vgl. Wöhe 2005, S.199). In einem vollintegrierten Informationssystem sind die Kosten durch manuelles Übertragen zwischen redundanten Systemen minimiert. Die Nachfrage nach einem solchen Informationssystem kann durch eine Unternehmenssoftware alleine nur teilweise gelöst werden. Dies hat bisher oft zum Einführen diverser Middleware Produkte zur Verbindung diverser Systeme geführt (vgl. Starke 2007, S. 127 - S.129).

Mit steigender Anzahl von Middleware Produkten und durch das Fortschreiten der IT Technologien sind diese Produkte miteinander oft nicht mehr kompatibel. All diese Anforderungen haben zur Entwicklung von möglichst umfassenden ERP Systemen geführt. ERP Systeme sollen durch die Abbildung von standardisierten Geschäftsprozessen in einer möglichst umfassenden und durch Programmierung auch vom Kunden anpassbaren Software Redundanzen vermeiden und damit zur Rationalisierung im Unternehmen beitragen.
„Als Enterprise Ressource Planning (ERP) bezeichnet man bereichsübergrei-

fende Softwarelösungen, die die operativen Prozesse steuern und auswerten." (Wöhe 2005, S. 201)

Die Gründe zur Einführung eines ERP Systems spielen auch bei der Einführung einer SOA wieder eine essentielle Rolle.

„Eine serviceorientierte Architektur (SOA) ist eine Unternehmensarchitektur, deren zentrales Konstruktionsprinzip Services (Dienste) sind. Dienste sind klar gegeneinander abgegrenzte und aus betriebswirtschaftlicher Sicht sinnvolle Funktionen. Sie werden entweder von einer Unternehmenseinheit oder durch externe Partner erbracht." (Starke 2007, S. 12)

Mit der folgenden Diagrammart werden in dieser Forschungsarbeit Ursache – Wirkungsprinzipien bis zur Entwicklung einer SOA erarbeitet, wie im Folgenden anhand bestehender Gründe aus dem ERP System dargestellt. Selbstverständlich können auch noch weitere hier nicht angeführte Gründe eine Rolle spielen.

Abbildung 2: Gründe zur Einführung eines ERP Systems
Quelle: Eigene Ausarbeitung

Für eine Vollintegration muss ein ERP System nicht nur betriebliche Prozesse und damit betriebswirtschaftliches Wissen mitbringen sondern auch diese Prozesse an die Organisation anpassen. Die Vollintegration wird erst erreicht wenn das ERP System zusammen mit Spezialapplikationen integriert werden kann, insbesondere wenn die zugehörigen Spezialprozesse außerhalb des ERP Systems ablaufen. Genauso muss es auch möglich sein unternehmensexterne Informationsquellen zu integrieren. Eine Lösung hierfür lautet SOA.
In der Praxis wird oft das ERP System solange erweitert, bis es viele der Spezialapplikationen durch proprietäre Schnittstellen integriert. Das ERP System ist

dadurch aber nicht automatisch serviceorientiert, da oftmals essentielle Bestandteile wie das Konstruktionsprinzip der Dienste nicht enthalten sind. Zudem steuert das Unternehmen auf eine absolute IT Lieferantenabhängigkeit vom ERP Dienstleister zu und nimmt damit alle Nachteile eines solchen Single Sourcing Konzeptes auf sich (vgl. Schulte 2009, S. 288). Im Endstadium eines solchen Szenarios sind die ablaufenden Prozesse im Gesamtüberblick oft nur noch vom ERP Dienstleister zu durchblicken. Das Unternehmen ist in einem solchen Fall von der ERP Unternehmensberatung vital abhängig.

Anstatt die Prozesse dem ERP Dienstleister zu überlassen, sollte ein Unternehmen die Prozesse aktiv analysieren und modellieren. Die Prozessmodellierung ist sowohl ein wichtiges Kommunikations- und Dokumentationswerkzeug in Form leicht zu verstehender Diagramme, als auch ein wichtiges Instrument zum Controlling der Durchlaufzeiten im Unternehmen. Ein weiterer Vorteil dieser Methode ist, dass regelmäßig zur Umsetzung oder Verbesserung der Prozesse neue technologische Möglichkeiten erfasst werden und ökonomische, ökologische sowie soziologische Chancen und Risiken einfließen können. Die Prozesse werden einem kontinuierlichen Verbesserungsprozess unterstellt, in den auch das Marketing im Sinne der marktorientierten Unternehmensführung direkt Einfluss nehmen kann und soll. Wertvolle Unternehmensprozesse sind kundenorientiert. Das Ursache – Wirkungsgefüge auf dem Weg zur SOA kann um diese zusätzlichen Aspekte erweitert werden.

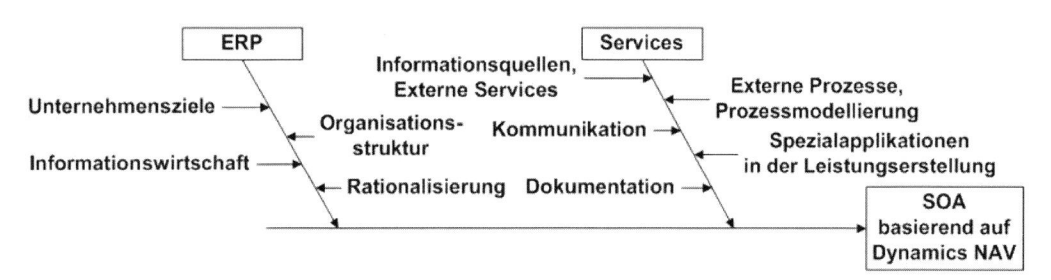

Abbildung 3: Zusätzliche Serviceaspekte führen zu einer SOA
Quelle: Eigene Ausarbeitung

2.1.2 Der Kern des ERP Systems Microsoft Dynamics NAV 2009

Da ERP Systeme den Anspruch erheben in möglichst allen Unternehmen wie z.B. Handelsbetrieben, Fertigungsbetrieben oder auch Dienstleistungsbetrieben optimal die Leistungserstellung zu unterstützen, passt der Gesamtleistungsumfang einer solchen Software nie auf ein einzelnes Unternehmen. Das ERP System Dynamics NAV 2009 löst dies durch einen modularen Aufbau des gesamten Systems. (vgl. Luszczak 2009, S. 19)

Werden die Gemeinsamkeiten der so unterschiedlichen Unternehmen betrachtet, so kristallisieren sich einige Kernmodule heraus. Die Kernprozesse aus den Bereichen Verkauf, Finanzmanagement, Einkauf und Lagerlogistik werden von sehr vielen Unternehmen benötigt und werden folglich auch als Dynamics NAV 2009 Standard oder auch als Grundsystem bezeichnet (vgl. Luszczak 2009, S. 19-20). Die Lagerlogistik bettet sich dabei in das Supply Chain Management Modul ein, um den modernen Aspekt, ein Unternehmen nicht für sich alleine zu betrachten, gerecht zu werden (vgl. Schulte 2009, S.13–17).

„Als Ergänzung zum Dynamics NAV-Grundsystem stehen zudem zahlreiche zertifizierte Zusatz- und Branchenlösungen von Microsoft-Partnerunternehmen zur Verfügung, die nahtlos in das Standardsystem integriert sind und die spezifischen Anforderungen einzelner Branchen bereits im Standard abbilden." (Luszczak 2009, S. 19-20)

Hinsichtlich einer SOA ist die mit Dynamics NAV 2009 im Systemkern neu eingeführte Webservice Unterstützung von besonderem Interesse (vgl. Roys 2008, S. 312–322).

„Webdienste stellen eine weit verbreitete Standard-Schnittstelle für die reibungsfreie Kommunikation zwischen IT-Systemen dar. Mithilfe der Webdienste können externe Systeme auf Funktionen der Anwendungslogik zugreifen, die am Dynamics NAV-Server ausgeführt wird – beispielsweise zur Anbindung fremder ERP-Systeme. Im Gegensatz zu direkten Datenbankzugriffen erfolgt bei der Nutzung von Webdiensten dieselbe Prüfung von Eingabefehlern, Datenintegrität und Berechtigungseinstellungen wie bei der manuellen Dateneingabe in einer Seite von Dynamics NAV." (Luszczak 2009, S. 26)

Der unterstützte Prozessumfang von Dynamics NAV 2009 ist ideal für Unternehmen in der Größe von Klein- und Mittelbetrieben. Große Unternehmen und internationale Großkonzerne verwenden gerne Microsoft Dynamics AX oder SAP. Eine SOA für Dynamics NAV 2009 sollte dies berücksichtigen und sowohl finanziell als auch im Implementierungsumfang klein starten können.

2.1.3 Conclusio aus betriebswirtschaftlicher Sicht

Eine Integration mit monolithisch aufgebauten Softwareapplikationen ist denkbar schwierig bis unmöglich. Da nur vollintegrierte Informationssysteme die Probleme in der Informationswirtschaft lösen können und Dynamics NAV 2009 durch seinen modularen Aufbau sowohl die vertikale als auch die horizontale Integration bestmöglich unterstützt, ist Dynamics NAV 2009 eine denkbare betriebswirtschaftliche Lösung für das Informationsmanagement von Klein- und Mittelbetrieben. Durch die neu eingeführte Webservice Unterstützung ist dieses ERP System eine funktionierende Basis für eine SOA. Als Ergebnis einer Prozessmodellierung ergeben sich mit einer SOA neue Möglichkeiten wie z.B. mobiler Zugriff oder Integration von Geschäftspartnern.

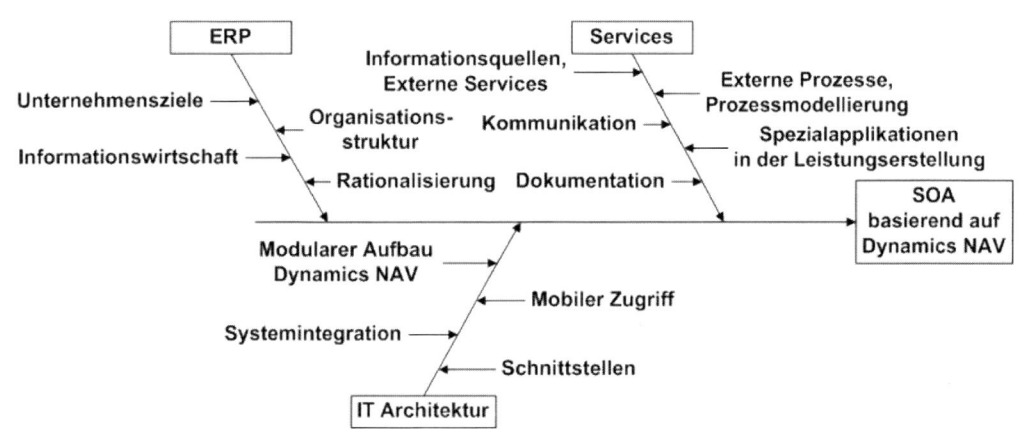

Abbildung 4: Ursache - Wirkprinzip zur Einführung einer SOA
Quelle: Eigene Ausarbeitung

Die vorliegende betriebswirtschaftliche Conclusio stützt sich an dieser Stelle in den technischen Aspekten auf grundlegende Features aus einer Literaturrecherche zu Microsoft Dynamics NAV 2009. Gemäß dem eingeführten Konzept zur Forschungstiefe müssen die technischen Aspekte bis auf die Ebene der Programmierung betrachtet werden, um zu einer technischen Conclusio zu gelangen.

2.2. SOA und Dynamics NAV 2009 aus technischer Sicht

2.2.1 Die Dynamics NAV 2009 Systemarchitektur

In modernen Datenbanksystemen ist die Grundlage zur Integration über Rechner- und Systemgrenzen hinweg ein Dreischichtenmodell als Softwarearchitektur. Bei jedem Integrationsgedanken darf nicht außer Acht gelassen werden, dass die Geschäftslogik eines Datenbanksystems eingehalten werden muss und daher nicht umgangen werden darf. Um auch die Rechnergrenzen überwinden zu können, werden Transportebenen zwischen den drei Schichten für die Datenspeicherung, die Geschäftslogik und die Darstellung benötigt. (vgl. Geisler 2007, S. 75-79)

Die Geschäftslogik definiert Dynamics NAV 2009 durch die im ERP System integrierten Prozesse. Für ein konsistentes sicheres System ist es daher unbedingt erforderlich, dass dies der einzige Ort bleibt, an dem diese Geschäftslogik des ERP Systems vorzufinden ist. Jede andere Vorgehensweise führt zu höheren Aufwänden beim Dienstleistungspartner und im Betrieb.

Dynamics NAV 2009 stellt mit dieser neuen Version einen in das Produkt integrierten Mechanismus zur Verfügung, um Funktionen und Daten der Geschäftslogik über Webservices zu veröffentlichen. Die Dynamics NAV 2009 Systemarchitektur basiert dabei auf vielen von der Microsoft Visual Studio Programmierumgebung direkt unterstützten Technologien. Die Web Service Description Language (WSDL) beschreibt die Schnittstelle (vgl. W3C WSDL 2001). Das Simple Object Access Protokoll (SOAP) dient zum Datenaustausch (vgl. W3C SOAP 2000). Dieses verwendet intern das Internet - Transportprotokoll HTTP (vgl. NWG RFC 2616 1999). Zur Registrierung und Suche nach Diensten wird der Universal Description, Discovery and Integration (UDDI) Standard verwendet (vgl. OASIS 2010). Die beschriebenen Standards basieren auf dem „Extensible Markup Language" (XML) Standard (vgl. W3C XML 2008). Dieser stellt sicher, dass die Daten von Maschinen und Menschen leicht gelesen werden können (vgl. Bayer 2008, S. 1031). Der Stapel an angeführten frei verfügbaren Technologien ist ein Standbein für den Aufbau dieser SOA (vgl. Starke 2007, S. 489-490).

Mit Microsoft Windows Vista wurde auch ein neues Programmiermodell inkl. API namens .NET Framework für die Programmierung veröffentlicht, um unter anderem die neuen Funktionalitäten mit XML und die Verwendung von Webservices für die Windows Programmierung zu vereinfachen (vgl. Starke 2007, S. 551). „Wenn Sie z.B. mit Visual Studio einen Webdienst referenzieren (über eine Webdienst-Referenz), liest Visual Studio das zu dem Webdienst gehörende WSDL-Dokument aus und erzeugt daraus eine Proxy-Klasse, die die Regeln des Datenvertrags einhält." (Bayer 2008, S. 1019)

Der Proxy ist ein Stück einer Software, der als Vermittler dient. Im obigen Fall, der Webservice Technologie, vermittelt dieser Proxy zwischen der objektorientierten Programmierung der Klassen im .NET Framework und dem ERP Gegenpartner über das Internet, sodass die Programmierung vereinfacht wird und die darunterliegende Technologie gekapselt, also verdeckt wird.

„Der etwas abstrakte Begriff >>Datenvertrag<< (Data contract) gehört zu dem Programmiermuster >>Contract First Design<<. Dieses Programmiermuster erleichtert den Datenaustausch zwischen zwei Systemen. Dabei wird vor der eigentlichen Programmierung ein >>Vertrag<< erstellt, der bestimmt, wie die Daten ausgetauscht werden." (Bayer 2008, S. 1019)

Als Mapping wird das nach Möglichkeit verlustfreie Umsetzen der softwareinternen Darstellung einer Information, welche in Form verschiedener Datentypen vorliegen kann, bezeichnet.

„SOAP ist ein spezieller XML-Dialekt, der in Zusammenhang mit Webdiensten verwendet wird." (Bayer 2008, S. 1015)

2.2.2 Weitere SOA Komponenten in der Architektur

„In einer SOA müssen Services koordiniert ablaufen und bei Bedarf weitere Services aufrufen können. Hierzu wird häufig das Konzept des >>Service Bus<< (oder auch Enterprise Service Bus, ESB) in den Mittelpunkt gestellt. Ein ESB vernetzt dabei sämtliche technische Beteiligte einer SOA. Möchte ein Servicenutzer mit einem Service-Provider in Kontakt treten, so übernimmt der ESB die gesamten Details der Kommunikation – inklusive notwendiger Zusatzleistungen." (Starke 2007, S.34)

Für die Kommunikation mit Services kann im .NET Framework auch die Windows Communication Foundation verwendet werden.

„Mit der Windows Communication Foundation (WCF) wird die zukünftige Technologie für serviceorientierte Architekturen in der Windows-Welt, aufbauend auf der Microsoft-.NET-Plattform, angeboten. Gleichzeitig werden mit der WCF die verschiedenen Microsoft APIs zur Realisierung verteilter Anwendungen zu einem einheitlichen Programmiermodell konsolidiert." (Starke 2007, S. 551, korrigiert)

Dem Konzept zur Forschungstiefe folgend fehlt noch die Möglichkeit, den Programmierer in seiner Arbeit über modellgetriebene Entwicklungsansätze zu unterstützen und damit den Entwicklungsprozess zu verbessern (vgl. Kühne 2006, S. 1-2). Bei Verwendung des ESB steht hierzu meist eine Möglichkeit der Orchestrierung, einer graphischen Darstellung und Definition der Serviceabläufe, zur Verfügung.

Für das graphische Definieren von Abläufen hat Microsoft mit der Windows Workflow Foundation (WF) eine Möglichkeit entwickelt, die Programmierer direkt in Visual Studio zu unterstützen ohne ihnen dabei die Möglichkeiten der Programmierung zu nehmen. So können die Ereignisfunktionen über Eigenschaften der Workflowaktivitäten wie Condition und Execute Code beim Erzeugen eines Workflows hinterlegt werden. (vgl. Scribner 2007, S. 17-27)

„Microsoft hat die Notwendigkeit für eine stärkere Betriebssystemunterstützung im Hinblick auf die Koordinierung von Prozessen innerhalb Firmen erkannt und eine phantastische Funktionalität in das Betriebssystem Windows Vista eingebaut – die Windows Workflow Foundation, kurz WF." (Scribner 2007, S. 4)

Von Visual Studio und in Zukunft auch von der WF werden nach dem Hinzufügen der Referenzen und Servicereferenzen zum Workflowprojekt die Metadaten automatisch analysiert (vgl. Bayer 2008, S. 83). Dabei werden aus dem Servicevertrag automatisch entsprechend angepasste Aktivitäten erzeugt, die in der Workflowmodellierung verwendet werden können (vgl. MSDN WF4 2009). Microsoft entwickelt im Zuge von .NET 4.0 die WCF und die WF in Richtung Webservice – Unterstützung weiter. Die SOA Investition ist also technologisch gesehen zukunftsgeschützt und wird von Microsoft erweitert (vgl. MSDN .NET4 2010).

Neben diesen neuen Möglichkeiten mit Dynamics NAV 2009 gibt es auch bereits in älteren Versionen von Dynamics NAV die Möglichkeit Dynamics NAV über einen Adapter namens Commerce Gateway an Microsoft BizTalk anzubinden. Diese Anbindung über diesen Adapter funktioniert allerdings ausschließlich mit dem BizTalk Server. Der BizTalk Server stellt alle für eine SOA notwendigen Technologien, wie einen ESB und eine Möglichkeit zur Orchestrierung, zur Verfügung. Im BizTalk Server sind darüberhinausgehende typische Möglichkeiten eines Middleware–Produktes zur Anbindung diverser Systeme und Protokolle enthalten. Die Commerce Gateway Anbindung kommt aus einer Zeit, als Dynamics NAV 2009 auf einer zweischichtigen Architektur aufgebaut war. Diese Anbindung enthält im ERP System entsprechend ausprogrammierte E-Commerce Mechanismen, um die Geschäftsdokumente vor allem aus den Einkaufs- und Verkaufsprozessen mit dem BizTalk Server auszutauschen. Da die Lösung ausschließlich auf den BizTalk Server abzielt, aber vor allem für den Transport der Daten noch zusätzliche proprietäre Technologien wie der Commerce Gateway Broker benötigt werden, zählt diese B2B Anbindung eher zu den Middleware Lösungen mit speziellem Fokus auf den elektronischen Handel, als dass sie der Vision dieser Forschungsarbeit gerecht wird.

„WF kann durchaus in einer Interapplication-Workflow-Konstellation eingesetzt werden, aber dies erfordert zusätzliche Programmlogik und –strukturen, die BizTalk von Haus aus zur Verfügung stellt. Tatsächlich ist das BizTalk-Programmiererteam dabei, den BizTalk-Programmkern auf WF umzustellen, sodass die Microsoft-Produkte in Zukunft auf einer einheitlichen Workflow-Technologie basieren." (Scribner 2007, S. 6)

2.2.3 Technische Voraussetzungen einer SOA

Wenn es um die technischen Voraussetzungen einer SOA geht, so ergibt sich eine interessante literarische Diskussion. Roys sieht im Kontext von Dynamics NAV 2009 die neue Serviceanbindung als einen wichtigen Schritt, erachtet aber vier fehlende Abstraktionen für eine SOA als notwendig. Diese sind ein Application Frontend, der Service, ein Service Repository und der Service Bus. (vgl. Roys S. 358)

Mit Ausnahme des ESB sind dabei die Komponenten Services, Application Frontend und UDDI Service Repository mit dem Windows Server und dem ERP System bereits vorhanden. Der ESB wird von Harby als Single Sourcing Konzept kontrovers diskutiert. Harby stellt als Alternative die Service Registry ins Zentrum der Betrachtung. Diverse Service Bus Lösungen können bei Bedarf flexibel nachgerüstet werden wie folgendes Diagramm darstellt. (vgl. Harby 2006)

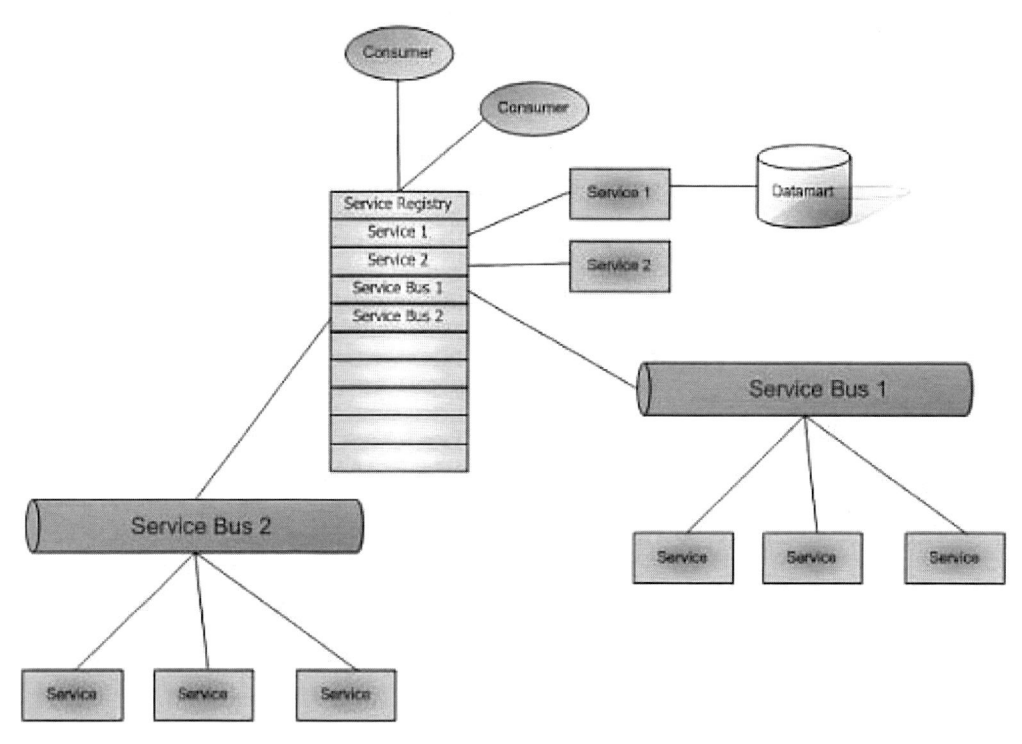

Abbildung 5: Alternative zur Single ESB Lösung nach Harby
Quelle: Harby 2006: ESB Alternative

In eine andere Richtung gedacht sieht Roys das einheitliche Schnittstellenkonzept von Dynamics NAV 2009 zum Zugriff auf die Dynamics NAV Ressourcen über WebServices als unzureichend für eine SOA an (vgl. Roys S. 358). Genau dieses einheitliche Schnittstellenkonzept zum vollständigen Zugriff auf alle Ressourcen stellt aber ein wichtiges Kriterium der „Representational State Transfer", abgekürzt REST, Architekturalternative dar (vgl. Starke 2007, S. 394). Das Internet basiert auf dieser einfachen Architektur. REST ist ein wichtiges Erfolgskriterium für die schnelle Akzeptanz des Internets. Mit REST werden sämtliche Ressourcen des ERP Systems über eine einheitliche Schnittstelle eingefügt, gelesen, bearbeitet, gelöscht und dabei über die Geschäftslogik geprüft. Ein Prozess kann über einen parameterlosen Funktionsaufruf, also ähnlich dem Klicken auf einen Hyperlink im Internet, angestoßen werden. Dieses Prinzip ist also bestens bekannt und akzeptiert.

2.2.4 Conclusio aus technischer Sicht

Da Dynamics NAV 2009 ein Produkt für Klein- und Mittelbetriebe darstellt, sollte auch eine SOA Initiative klein starten können und dabei trotzdem mit dem Unternehmen mitwachsen. Vor Dynamics NAV 2009 war ein kleiner Start nicht so einfach möglich, da das ERP System die Anforderungen, einen Service auf einfache Art und Weise zur Verfügung zu stellen, nicht erfüllte. Die SOA Rückwirkung in Form von Anforderungen an das ERP System überfordert die zweischichtige Systemarchitektur von Dynamics NAV vor der Version 2009 wie in der nächsten Darstellung gezeigt wird.

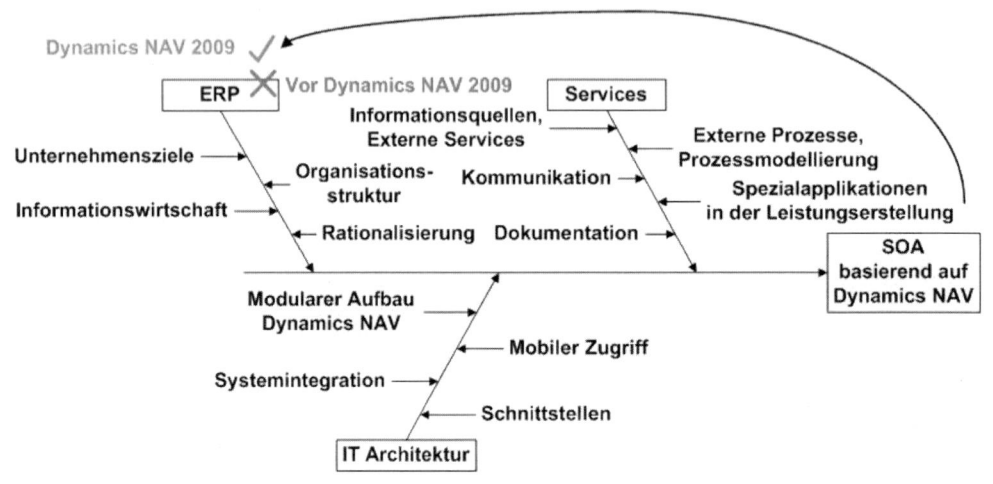

Abbildung 6: Betrachtung der Rückwirkungen auf das ERP System
Quelle: Eigene Ausarbeitung

Weil Dynamics NAV mit den SOA Anforderungen bislang nicht mithalten konnte, war es in der Vergangenheit notwendig für die Integration ein weiteres System anzuschaffen. Die Rückkopplung einiger SOA – Anforderungen an das Dynamics NAV System war bislang nur über den BizTalk Server als Middleware für den elektronischen Handel gegeben. Üblicherweise wird aber meist der einfache Weg über programmierte Schnittstellen im ERP System gewählt. Mit Dynamics NAV 2009 vereinfacht sich die Situation insofern, als Dynamics NAV 2009 selbst nun mittels WebServices und einer REST Architektur nicht mehr blind gegenüber den Anforderungen einer SOA ist.

2.3. SOA aus dynamischer Sicht

2.3.1 Vorgehensmodell

Um dem Ziel des Aufbauens einer Servicearchitektur näher zu kommen stellt sich die Frage wie die SOA in die Köpfe im Unternehmen und damit in das Unternehmen selbst kommt und wie bei der Einführung einer SOA am besten vorgegangen wird. Hierzu liefern Sebastian Stein und Konstantin Ivanov ein einfaches praktikables Modell, welches auch die beteiligten Personen anhand von Rollen charakterisiert (vgl. Stein 2007, S. 1). Neben diesem Rollenmodell liefert dieses Vorgehensmodell ein Servicekonzept und Aktivitäten zur Umsetzung (vgl. Stein 2007, S. 4-6). Das Servicekonzept besticht durch seine Einfachheit.

„Unser Servicekonzept besteht aus den folgenden drei Ebenen:
1. Ebene zur Beschreibung der Anforderungen an den Service
2. Ebene zur Beschreibung des fachlichen und technischen Designs des Service
3. Ebene zur Darstellung der Ausführungs- und Implementierungsdetails des Service"

(Stein 2007, S. 4)

Unter Berücksichtigung der Servicearchitekturmethodik, einer SOA mit einer REST Architektur auf Basis von Dynamics NAV 2009, wird das Servicekonzept im Zuge des Aufbauens der Servicearchitektur an die speziellen Bedürfnisse mit Dynamics NAV 2009 angepasst. (vgl. Stein 2007, S. 10)

2.3.2 Prozessmodellierung und Aufbau der Servicearchitektur

Der Weg zu einer erfolgreichen SOA Einführung funktioniert ähnlich wie bei einer erfolgreichen ERP Einführung über das Einbeziehen möglichst vieler Mitarbeiter, da nur so die nötige Akzeptanz und der nötige Detailgrad erreicht werden kann. Dazu wäre es auch wünschenswert, dass möglichst viele Mitarbeiter Zugriff auf die Prozessmodelle haben und dass diese so einfach wie möglich sind. Ein einfaches Prozessmodell stellt die ereignisgesteuerte Prozesskette (EPK) dar. Für eine Übersicht wird eine Prozesslandkarte erzeugt.

Um einen großflächigen Zugriff auf Modelle und damit eine dynamische und agile Vorgehensweise zu ermöglichen, sollten die Lizenzkosten für eine Softwareunterstützung möglichst gering sein. Gleichzeitig wird von den entscheidenden Rollen des Vorgehensmodelles ein hohes Maß an Analysefähigkeiten von der Software gefordert, damit die Prozessmodellierung auch für das Management wertvolle Beiträge liefern kann.

2.3.3 Anpassung des Vorgehensmodells und Umsetzungsprozesse

Damit sichergestellt ist, dass die Prozesse im Unternehmen optimal gestaltet werden, muss eine möglichst heterogene Gruppe aus allen Bereichen des Unternehmens wie z.B. Marketing, Vertrieb, Technik, IT, etc. in Diskussionen moderiert werden. Die dabei entstehende Gruppendynamik kann am einfachsten von einer Person beherrscht werden, die viele der unterschiedlichen Spezialbegriffe kennt, die Sprachen der jeweiligen Bereiche spricht also auch deren Anliegen sehr schnell verstehen und begreifen kann und dabei trotzdem neutral bleibt. Auf die Rollenbeschreibung des Vorgehensmodells bezogen wäre also idealerweise der Business Analyst auch ein Diskussionsmoderator, während der Process Engineer als Schriftführer dafür sorgen kann, dass die gewonnenen Schlüsse dokumentiert sind und die Übersicht in der Diskussion nicht verloren geht. Der Process Engineer kann in der Folge einen ersten Entwurf in Form einer EPK mit den einzelnen Personen weiter im Detail bearbeiten.

Schlussendlich müssen die entstandenen Modelle in geeigneter Form an die Informatik weitergegeben werden. Hierbei ist es von essentieller Bedeutung, dass im Zuge dieser Weitergabe die wiederzuverwendenden ERP Ressourcen eindeutig gekennzeichnet sind und die Prozesse unmissverständlich dargestellt sind, damit in der Programmierung möglichst wenig Fehler passieren. Eine automatisierte Umsetzung der definierten Abläufe wird in einer SOA von großen Konzernen mit Prozessservern wie z.B. BizTalk und Technologien wie BPEL ermöglicht (vgl. Juric 2008, S. 91). Eine solche Toolunterstützung ist bei einem Prozessumfang eines Klein- oder Mittelbetriebes und einer klein startenden SOA aber nicht unbedingt erforderlich.

Der Implementierungsprozess muss aber beherrscht, optimiert und so weit als möglich vereinfacht werden. Wichtig dabei ist, dass eine eindeutige Zuordnung von Implementierungsdetails und Detailabläufen zum EPK Fachmodell erhalten bleibt, um über die drei Ebenen dauerhaft zusammenarbeiten zu können. Genauso wichtig ist es zu berücksichtigen, dass in der Programmierung die Unified Modelling Language (kurz UML) zur Modellierung gängig ist (vgl. OMG UML 2009). Hierfür soll daher anstelle einer automatisierten Umsetzung eine Möglichkeit des Zusammenwachsens dieser Welten gefunden werden.

2.3.4 Conclusio aus dynamischer Sicht

In der Prozessmodellierung werden über intensive Diskussionen bestehende Prozesse analysiert und mit neuen oder bestehenden Marktanforderungen zusammengebracht. Diese Diskussionen müssen durch die Verwendung der richtigen Werkzeuge unterstützt werden. Eine Moderation ist sehr empfehlenswert. In einer Diskussion wirken Kreativwerkzeuge für eine visuelle Unterstützung wie z.B. eine Pinnwand oft besser, als eine direkte Bearbeitung am PC. Zur Einzelweiterbearbeitung im Team kann in der Folge eine Softwareunterstützung wie z.B. ARIS mit EPK Diagrammen gute Dienste leisten und eignet sich auch gut als Dokumentationswerkzeug. ARIS steht für „Architecture of Integrated Information Systems" und stellt eine umfangreiche Software dar, die eine Lücke zwischen den Geschäftsanforderungen und der IT schließen soll (vgl. Juric 2008, S. 64).

Da Spezialisten in der Informatik mit Fokus auf Microsoft .NET eher verfügbar sind als auf BizTalk spezialisierte Personen und die Vollautomatisierung nicht unbedingt erforderlich ist, wird der Fokus dieser Forschungsarbeit auf die Soft Facts einer Umsetzung mit .NET für Dynamics NAV 2009 gelenkt.

2.4. SOA aus Sicht des Finanzmanagements

2.4.1 Kernfunktionen

„Die sachliche oder systematische Ordnung der Buchungen übernimmt das Hauptbuch auf den im Kontenplan des Betriebes verzeichneten – sämtliche Bestands- oder Erfolgskonten umfassenden – Sachkonten." (Eisele 2002, S. 505)

Neben diesen Sachkonten hat das ERP System auch Nebenbücher inkludiert.

„Nebenbücher sind Hilfsbücher; sie dienen der weiteren Aufgliederung und Ergänzung der Sachkonten und werden außerhalb des Kontensystems zumeist in eigenständigen Nebenbuchhaltungen geführt." (Eisele 2002, S. 506)

„Kern des Finanzmanagements in Dynamics NAV ist die Verwaltung der Sachkonten im Hauptbuch. Diese werden zur Erstellung von Bilanz und Erfolgsrechnung (Gewinn- und Verlustrechnung) benötigt, unterstützt durch Nebenbücher wie Debitoren, Kreditoren, Anlagen und Materialwirtschaft. Die Nebenbücher enthalten detaillierte Informationen zu Teilen des Hauptbuchs, beispielsweise zu Lagerbewegungen (Artikelposten)." (Luszczak 2009, S. 366)

Eine Übertragung der gesamten ERP Stammdaten in einer SOA ist nicht erforderlich, da diese sich selten ändern und in Dynamics NAV eingerichtet werden können. Für die SOA wird allerdings eine Konfiguration der Services benötigt. Hierzu müssen die Erfordernisse für diese Konfigurationstabellen nach einer ersten Prozessmodellierung mit dem Dienstleister geklärt werden.

„Die Einstellung, wie und auf welche Sachkonten die Buchung von Geschäftsvorgängen erfolgen soll, wird in Dynamics NAV über Buchungsgruppen vorgenommen." (Luszczak 2009, S. 378)
Die Einrichtung eigener SOA Buchungsgruppen hat den Vorteil, dass im gesamten ERP System die automatisierten Buchungen über die SOA von manuellen und automatischen Buchungen im ERP System unterschieden werden können.

2.4.2 Die Mehrwertssteuer und die Vorsteuer

Eine spezielle Funktion haben die Stammdaten Debitoren, Kreditoren, Artikel und Ressourcen, da in diesen über eingetragene Buchungsgruppen die Steuersätze für MwSt. und VSt. über eine Matrixtabelle namens Buchungsmatrixeinrichtung definiert werden.

„Die MwSt.-Geschäftsbuchungsgruppen werden Debitoren und Kreditoren, die MwSt.-Produktbuchungsgruppen den Artikeln und Ressourcen zugeordnet. In der MwSt.-Buchungsmatrix, die über den Link Abteilungen/Finanzmanagement/ Verwaltung/MwSt.-Buchungsmatrix Einr. geöffnet wird, wird die Mehrwertsteuer für Einkaufs- und Verkaufsbelege in Abhängigkeit von diesen beiden Gruppenarten eingerichtet." (Luszczak 2009, S. 382)

Daher wird für eine SOA zumindest auf zentrale Stammdaten wie Debitoren, Kreditoren, Artikel und Ressourcen ein lesender Zugriff notwendig werden.

2.4.3 Buchungen in die Haupt- und Nebenbücher

„Fibu-Buchungsblätter werden im Finanzmanagement von Dynamics NAV zur Buchung auf Sachkonten, Debitoren, Kreditoren, Bankkonten und Anlagevermögen benutzt." (Luszczak 2009, S. 384)

Für eine SOA wäre auch die Erstellung von zusätzlichen SOA Buchungsblättern empfehlenswert. Diese können in den SOA Einstellungstabellen konfiguriert werden. Dies hat den Vorteil, dass die SOA Windows Benutzer über welche die SOA Buchungen durchgeführt werden von direkt am System arbeitenden Benutzern getrennt werden.

„Innerhalb einer Buchungsblattvorlage können mehrere Buch.-Blattnamen parallel geführt werden. Dies ist beispielsweise dann erforderlich, wenn mehrere Personen gleichzeitig Buchungen erfassen oder wenn für bestimmte Buchungen – beispielsweise zu einem Bankkonto – eigene Buchungsblätter mit entsprechendem Vorschlagswert für das Gegenkonto erstellt werden sollen." (Luszczak 2009, S.385)

Für Splitbuchungen, auch mehrzeilige Buchungen genannt, werden ebenfalls SOA Einstellungen benötigt, da das Gegenkonto in diesem Fall nicht über die Buchungsblätter vorgeschlagen werden kann. Die speziellen Geschäftsanforderungen, welche sich bei einer SOA aus dem Prozessmanagement ergeben, sollten mit dem ERP Dienstleister geklärt werden. (vgl. Luszczak 2009, S. 388)

2.4.4 Spezielle Anforderungen in den Nebenbüchern

Grundsätzlich können selbstverständlich alle Nebenbücher über die speziellen Buchungsblätter von Dynamics NAV auch über die SOA durch eine Offenlegung der jeweiligen Ressourcen als Webservice bedient werden. Die Erfordernisse hierzu müssen aber zuerst aus der Prozessmodellierung kommen, da jedes Nebenbuch Spezialfunktionen wie z.B. FIFO oder LIFO im Lagernebenbuch hat und an dieser Stelle das Ziel einer Nebenbuchanbindung noch nicht bekannt sein kann.

2.4.5 Teilprozesse im Finanzmanagement

Im Finanzmanagement gibt es keinen einzeln abbildbaren Standardprozess. Das Finanzmanagement besteht aus vielen Teilprozessen, die in ihrer Gesamtheit den Buchungsprozess eines Unternehmens darstellen. (vgl. Holtstiege 2009, S. 550)

Für eine schnell sichtbare Verbesserung muss in diesen Teilprozessen nach neuen Möglichkeiten mit einer SOA gesucht werden. Eine echte Verbesserung wird wohl schnell dort zu erreichen sein, wo Mitarbeiter im Moment sehr viel einfache aber über Services automatisierbare Übertragungsarbeit von Daten von einem anderen System in das ERP System zu leisten haben. Ein anderer Ansatzpunkt für die Suche sind Bereiche, die eine ständige Überwachung erfordern, um geeignete Maßnahmen zu setzen. Eine solche Überwachung kann über eine SOA automatisiert werden, wenn geeignete Webservice Datenquellen zur Verfügung stehen. Wechselkurse stellen im Hinblick auf eine SOA ein solches Forschungsfeld für diese Arbeit dar.

2.4.6 Conclusio im Finanzmanagement

Die ERP Ressourcen wie Sachkonto, Fibu-Buchungsblätter, Buchungsgruppen, Debitoren, Kreditoren, Artikel und Ressourcen sind von essentieller Bedeutung für die SOA im Finanzmanagement. Der Buchungsprozess selbst besteht aus vielen Teilprozessen und kann nicht als Standardprozess abgebildet werden. Welche Teilprozesse im Detail benötigt werden muss ebenso wie die Details in den Nebenbüchern aus der parallel durchzuführenden Prozessmodellierung hervorgehen. Innerhalb dieser Teilprozesse kann nach Verbesserungspotential durch die neuen Möglichkeiten mit Services geforscht werden. Für diese Arbeit sollen die Wechselkurse genauer untersucht werden.

2.5. Conclusio und Antwort auf die Sekundärfrage der Eingliederung

Anhand der tiefgreifenden Forschungsarbeit zum aktuellen Stand der Technik und den Problemen und Anforderungen in der Betriebswirtschaft sowie den soziologischen Herausforderungen beim Entstehen der Dynamik im SOA Vorhaben wird es möglich, die erste Sekundärfrage zur Eingliederung in bestehendes Wissen zu beantworten.

Diese Arbeit gliedert sich in die Problemstellung einer flexiblen horizontalen und vertikalen Integration von IT Systemen in Unternehmen ein. Im technischen Bereich der Informationswirtschaft mit serviceorientierten Architekturen gliedert sich die Arbeit in den aktuellen Stand der Technik aus den Bereichen Integration Engineering, Microsoft Dynamics NAV (ERP) und zugehörige Microsoft Technologien wie Webservices ein, wobei offenen Technologien den Vorzug gegenüber fertigen Produkten gegeben wird. Zudem gliedert sich die Arbeit in die Bereiche und Problemstellungen der Kommunikation, Information, Dokumentation und Visualisierung ein. Im Bereich des Finanzmanagements findet diese Arbeit in der Kenntnismenge der ordentlichen Buchhaltung und Bilanzierung mit Dynamics NAV 2009 seine Relevanz sowie im Forschungsfeld der Wechselkurse im Finanzmanagement.

3. Aufbau der Servicearchitektur

3.1. Die Softwarearchitektur

3.1.1 Prozessmodellierung

Für die Messung, Analyse, Simulation und Validierung kann ARIS eingesetzt werden. Diese Software hat aber hohe Lizenzkosten und ist deshalb für die breite Masse der Mitarbeiter in einem Klein- und Mittelbetrieb meist nicht verfügbar. Für die Prozessmodellierung wird daher eine umfangreiche Analysesoftware für einige wenige Benutzer und eine Darstellungs- und Dokumentationssoftware für die breite Masse der Mitarbeiter benötigt. Diese sollten so gut wie möglich zusammenarbeiten und zumindest das EPK Modell beinhalten. Auf diese Art kann die SOA auch von einem zunächst ausschließlich dokumentierten Prozessmodell mit geringen Lizenzkosten zu einer analysierbaren und simulierbaren aber teureren Lösung heranwachsen.

In vielen Unternehmen ist bereits Microsoft Office im Einsatz, oft auch zusammen mit Microsoft Visio. Mit Visio können EPK Diagramme erzeugt werden. Diagrammobjekte (Shapes) können mit weiteren Daten versehen und daraus auch Datengrafiken erzeugt werden (vgl. Office Visio 2010). Visio beherrscht zudem auch die Verwendung der aus UML bekannten Funktionsbändern, die in Englisch auch Swimlanes genannt werden (vgl. Wehrmaker 2007, S. 19-20). Tristan Wehrmaker stellt in seiner Bachelorarbeit eine Möglichkeit vor, die EPK und die UML Swimlanes zusammenwachsen zu lassen und definiert hierfür alle notwendigen Transformationsregeln (vgl. Wehrmaker 2007, S. 31-36). Zur Darstellung der Modelle gibt es auch für Visio eine frei verfügbare Active-X Komponente für den Internet Explorer.

Es gibt eine Variante für die Darstellungs- und Dokumentationsanforderungen namens ARIS Express. ARIS Express ist kostenlos und beherrscht das notwendige EPK Modell grundsätzlich, allerdings hat ARIS Express in der aktuellen Version auch keine Unterstützung von Swimlanes in EPK Modellen vorgesehen. Eine Softwareevaluation im Rahmen dieser Arbeit hat zusätzlich ergeben, dass ARIS Express leider keine Prozessschnittstellen im EPK Modell unterstützt. Zudem fehlt die von ARIS gewohnte Objekteindeutigkeit über alle Diagramme. Dies erschwert einen späteren Import in die große ARIS Version. Sowohl in ARIS als auch in ARIS Express sind Importschnittstellen für Visio enthalten, sodass das Kriterium der Zusammenarbeit erfüllt ist. Beide ARIS Produkte werden von IDS Scheer vertrieben.

Visio beherrscht die angestrebte Verwendung von Swimlanes in EPK Diagrammen und kann die Prozessschnittstellen modellieren. Daher wird für diese Forschungsarbeit die kostengünstige Visio Variante zur Darstellung für die breite Masse im SOA Umsetzungsprozess verwendet.

3.1.2 Unterstützung in der Serviceerstellung

Innerhalb der Microsoft Welt wurde als Gegenstück zu den Entwicklungen im ERP System Dynamics NAV 2009 das .NET Framework 3.5 um erforderliche Datentypen wie z.B. System.Decimal erweitert, sodass ein Mapping der Datentypen zwischen den Systemen bei einer Programmierung im .NET Framework aus technischer Sicht automatisiert werden kann (vgl. Starke 2007, S. 176). Für das Mapping kann Microsoft Visual Studio seit längerem unter Verwendung der Metadaten automatisch eine Programmcodedatei Reference.cs für einen Proxy erzeugen (vgl. Liberty 2002, S. 412 – S. 416). Das Erstellen des Datenvertrages wird durch diese Einheitlichkeit und Automatisierung stark vereinfacht.

Die Erstellung eines solchen Datenvertrages entspricht mit den benannten Vereinfachungen dem Erzeugen der leeren Funktionen (vgl. Roys 2008, S. 317 – S. 322). Obwohl dieser Komfort zur schnellen Programmierung verleitet sollte nicht vergessen werden, dass es sich dabei um eine wichtige Schnittstelle handelt (vgl. Starke 2007, S. 176).

3.1.3 Die Workflow Unterstützung ist die Orchestrierung für REST

Die Workflow Foundation eignet sich bestens, um den Programmierer in der Definition der Abläufe zu unterstützen, da die Funktionen im Workflow eingehängt werden können. Dabei bleibt die Flexibilität erhalten, da die Funktionen auf Basis der REST Schnittstelle mit einer universell einsetzbaren .NET Programmiersprache wie z.B. C# oder VB.NET auch ausprogrammiert werden können. Grundsätzlich ist eine Programmierung aber nicht ständig erforderlich, da Softwarekonstrukte (z.B. Programmschleifen) modelliert werden können. In Kombination mit der WF können aus den Webservices anhand der Servicebeschreibung in der Metainformation direkt in Workflows integrierbare Aktivitäten erzeugt werden. Zugehörige Technologien sind im Beta – Stadium in Entwicklung, es ist aber absehbar, dass diese mit dem .NET Framework 4.0 verfügbar werden. (vgl. MSDN WF4 2009)

3.1.4 Lösung von Kommunikationsanforderungen

Durch die Verwendung von Webservices ist die breite Anbindung sowohl über einen Enterprise Service Bus zur Verbindung der Services, als auch eine Programmierung in unterschiedlichsten Systemen und auf beliebigen Plattformen wie z.B. die „Windows Communication Foundation" Plattform möglich (vgl. Starke 2007, S. 551).

Um die Flexibilität aufrecht zu erhalten sollte sich auch die Programmierung neuer Softwarekomponenten bei einer Eigenentwicklung nach Möglichkeit auf die Webservice – Technologie beschränken und keine proprietären Protokolle einführen. Gleichzeitig ersetzt eine solche Beschränkung innerhalb des Unternehmens die sofortige Notwendigkeit eines ESB, da die Kommunikation über die Verwendung von Webservices vereinheitlicht wird.

Eine Alternative zu einem ESB seitens der Kommunikationsanforderungen stellt in der Programmierung die Verwendung der „Windows Communication Foundation" dar, falls die Kommunikationspartner hauptsächlich die bisher von Microsoft entworfenen Technologien zur Kommunikation verwenden.

Der ESB wird erst erforderlich, wenn in der SOA erhöhte Anforderungen wie eine kontinuierliche Überwachung und eine teilautomatisierte Informationsunterstützung des Prozessmanagements aufkommen oder über andere Kommunikationswege als Webservices kommuniziert werden soll.

3.1.5 Das Application Frontend

Die neue servicebasierte Systemarchitektur erlaubt es Dynamics NAV 2009 auch erstmalig in dieser Produktreihe, die Präsentation flexibler und unabhängig von der Geschäftslogik zu gestalten. So gibt es für Dynamics NAV 2009 jetzt einen rollenbasierten Client mit dem jeder Anwender in seiner Rolle eine perfekt auf seine tägliche Arbeit abgestimmte Benutzeroberfläche hat. Hierzu definiert Dynamics NAV 2009 standardmäßig 21 verschiedene Rollen wie z.B. Einkäufer, Buchhalter oder auch Geschäftsführer. (vgl. Luszczak 2009, S. 21-26)

Dieser rollenbasierte Client kann als Frontend für die SOA ebenso dienen, wie auch ein einfacher Webclient programmiert werden kann.

3.1.6 Die Ressourcenfreigabe über die REST Schnittstelle

Das Veröffentlichen der Webservices passiert anhand derselben Seitendefinitionen des Objektmodelles von Dynamics NAV, die auch für den rollenbasierenden Client verwendet werden, wie das folgende Bild zeigt.

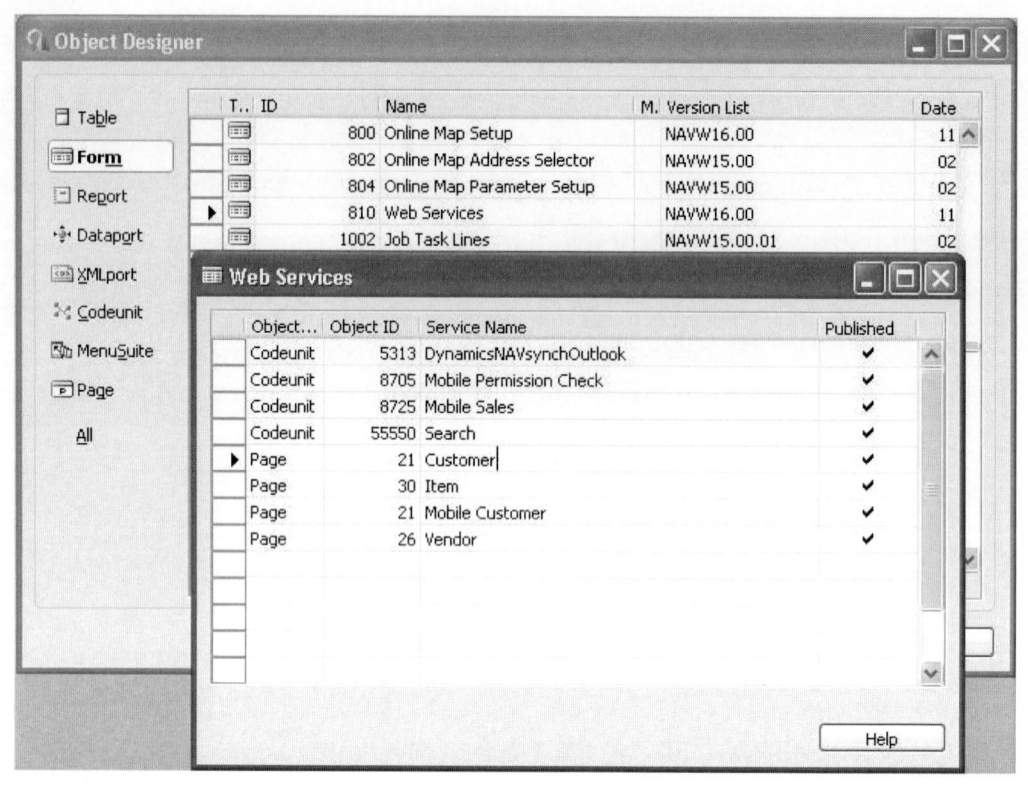

Abbildung 7: Freigabe von ERP Resourcen als Webservice
Quelle: Eigene Ausarbeitung

Dabei wird über das Formular 810 namens „Web Services" im Objektdesigner von Dynamics NAV einfach die Page eingetragen und über die Checkbox „Published" freigegeben. Diese über die Page ID eindeutig gekennzeichnete Seite ist dann über die einheitliche Schnittstelle anhand der Service URL http://localhost:7047/DynamicsNAV/WS/CRONUS_International_Ltd/Page/General_Journal erreichbar. Dabei wird der im Windows Server 2003 enthaltene Internet Information Server für das Bereitstellen der Webservices verwendet.

Im Design der Page kann genau festgelegt werden, welche Daten aus dem Objektmodell der Geschäftslogik über den Webservice veröffentlicht werden sollen, wie das folgende Bild darstellt.

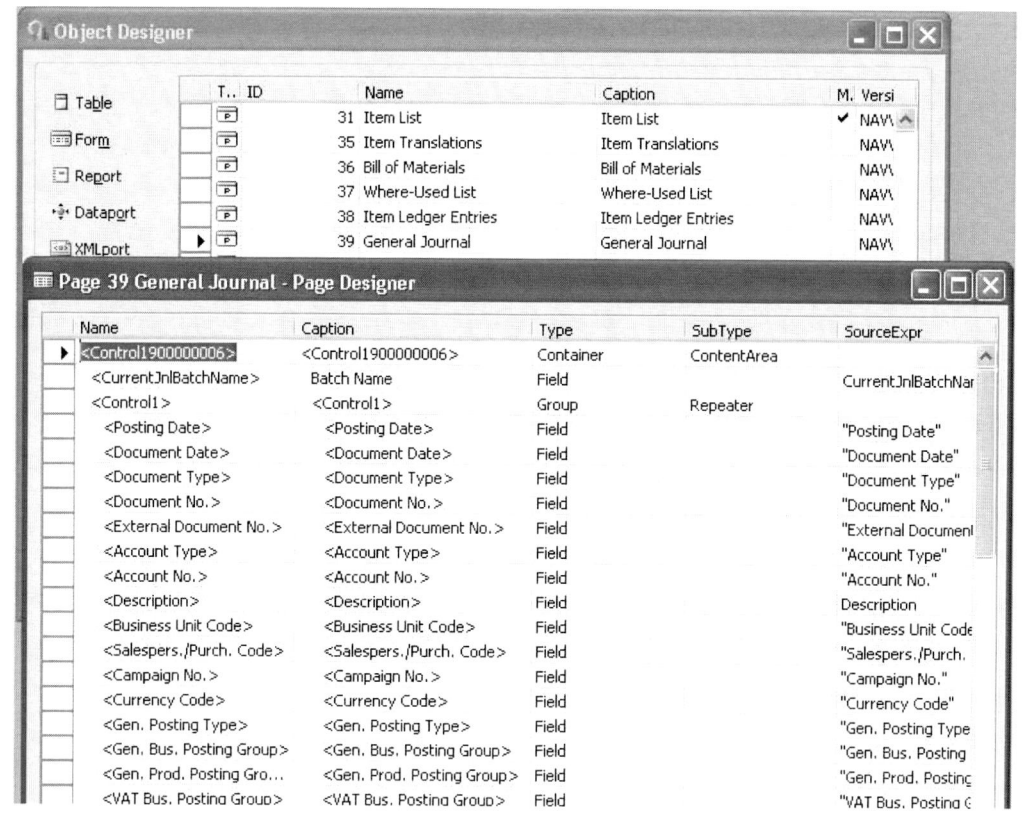

Abbildung 8: Design einer für einen Webservice zusammengestellten Datenseite
Quelle: Eigene Ausarbeitung

Nachdem von Visual Studio der entsprechende Proxy für den Zugriff erzeugt wurde, kann über die einheitliche Schnittstelle in Form eines vollständigen Klassenmodells zugegriffen werden. Die in diesem Beispiel gezeigte Seite ist geeignet zum Anlegen eines Buchungssatzes und zum anschließenden Buchen dieses Buchungssatzes über den Buchungsprozess.

Eine Codeunit in Dynamics NAV 2009 ist ein Programmcodeobjekt für die Programmierung der Prozessabläufe. Sollte in Dynamics NAV ein Buchungsprozess als Bericht (Job) anstelle einer parameterlosen Codeunit ausgeführt sein, so werden folgende zusätzliche Schritte notwendig.

In NAV wird eine zusätzliche Tabelle erstellt, die die Parameter des Berichtes aufnehmen kann (vgl. Roys 2008, S. 252 – S. 257). Für diese Tabelle wird eine Page erzeugt (vgl. Roys 2008, S. 264 – S. 278). Diese Page wird als Webservice freigegeben (vgl. Roys 2008, S. 360). Als nächstes wird eine kleine Codeunit erzeugt, die den Report so aufruft, dass dieser anhand der Tabelle die Optionen füllt und den Report startet. Diese Codeunit wird als Webservice freigegeben (vgl. Roys 2008, S. 316).

Das Ergebnis der Ressourcenfreigabe in der Klassenansicht von Visual Studio sieht wie folgt aus (vgl. Bayer 2008, S. 98).

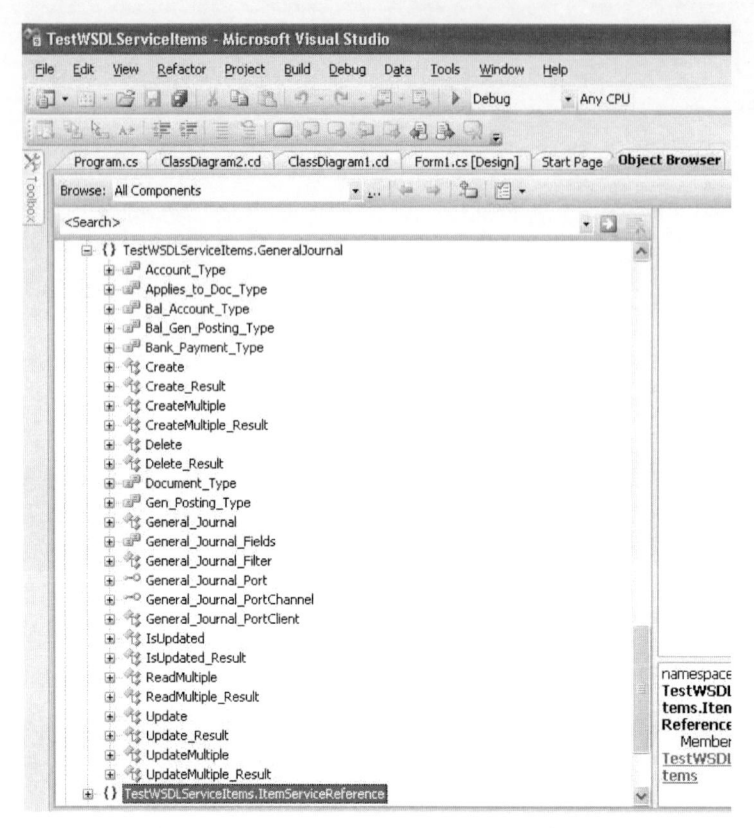

Abbildung 9: Einheitliche Webservice Schnittstelle zur Codierung in Visual Studio
Quelle: Eigene Ausarbeitung

Dabei ist sehr schön zu sehen, dass ein Informatiker über die REST Schnittstelle die Buchungsblätter automatisiert lesen, erstellen, modifizieren und löschen kann. Für das Buchen dieser Blätter muss die entsprechende Codeunit mit dem vom ERP Dienstleister gewarteten Buchungsprozess freigegeben werden. Die Schnittstelle greift ausschließlich auf Repräsentationen der Geschäftsobjekte von Dynamics NAV zu. Durch Verwendung der objekt- und aspektorientierten Programmierung sowie der Orchestrierung sind auch die Folgeaufwände wie z.B. das Hinzufügen eines Webservice – Aspektes mittels des WebMethod Attributes minimal (vgl. Bayer 2008, S. 366-369).

3.1.7 Conclusio und Antwort zur Softwarearchitektur

An dieser Stelle ist nun die konzipierte Forschungstiefe erreicht. Daher kann die Sekundärfrage nach der Eignung von Dynamics NAV 2009 zum Aufbau einer SOA beantwortet werden.

Eine SOA mit BizTalk kann von Siemens eingeführt werden. Siemens hat den BizTalk Server hierfür speziell für den Austausch in der Automobilbranche um eigene Lösungstemplates erweitert. (vgl. Siemens 2009, S. 1).

Die BizTalk Lösung erfüllt nicht alle in dieser Arbeit gestellten Anforderungen. „SOA ist kein Produkt." (Starke 2007, S. IX) Mit Dynamics NAV 2009 steht ein direkter Zugriff auf den Application Server zur Verfügung, um über eine REST Architektur eine SOA aufzubauen. Mit direkter Registrierung der Services im UDDI Repository als Alternative nach Harby und der Verwendung des Internet Information Server (IIS) sieht die Architektur hierfür wie folgt aus.

Anforderung	Technologie				Software
Frontend	Rollenbasierter Client		Webseite		ARIS und/oder Visio, Dynamics NAV 2009, Visual Studio 2008, Windows Server 2003, MS SQL Server 2008
Orchestrierung und Implementation	WSDL Webservices			WF	
	.NET Framework 3.5			WCF	
Transport und Schnittstellen	REST (NAV Pages, Prozesse)				
	IIS	UDDI	XML	HTTP	SOAP	
Geschäftslogik	NAV Application Server				
Datenschicht	SQL Server				

Abbildung 10: SOA Architektur
Quelle: Eigene Ausarbeitung

3.2. Der schnell sichtbare Erfolg

3.2.1 Der schnelle Erfolg richtig durchgeführt

Nur die Kraft aus einem gemeinsam schnell erreichten Erfolg sichert so kommuniziert auch den Managementerfolg. (vgl. Van Buren 2009, S. 58)

Obwohl ein schneller Erfolg zu weiteren kurzatmigen Aktionen verleitet, darf der Fokus nicht zu stark auf einzelnen Details liegen (vgl. Van Buren 2009, S. 57). Stattdessen muss mit dem Project Integration Management begonnen werden und in diesem Zusammenhang ein langfristig funktionierendes Änderungsmanagement eingeführt werden (vgl. PMBOK 2008, S. 93). Nur so kann eine durchdachte, zukunftsfähige SOA aufgebaut werden, die auch für ein weiteres Unternehmenswachstum gerüstet ist.

3.2.2 Beachtung des Transaktionsrisikos nach HGB

Im Bereich der Wechselkursrisiken eines Unternehmens stellt für Klein- und Mittelbetriebe das Transaktionsrisiko ein Problem dar, sobald mit Kunden oder Lieferanten nicht mehr in der lokalen Währung gehandelt wird.

„Das Transaktionsrisiko (Transaction Risk), auch als Umwechslungsrisiko bekannt, wird beschrieben als das Risiko von Wechselkursänderungen auf zukünftige Zahlungsströme (Cashflows) aus bereits abgeschlossenen Geschäften. Das Risiko bezieht sich dabei auf die Netto-Zahlungsströme pro Fremdwährung, die bis zum Zahlungszeitpunkt einem Wechselkursrisiko ausgesetzt sind." (Bloss 2009, S. 56)

Dieses Transaktionsrisiko wird in Dynamics NAV 2009 berücksichtigt. Dabei muss beachtet werden, dass laut HGB das Niederstwertprinzip gilt, also Forderungen nicht über den ursprünglich gebuchten Wert aufgewertet werden dürfen (vgl. Holtstiege 2009, S. 584).

3.2.3 Maßnahmen zur Behandlung des Transaktionsrisikos

„Das Transaktionsrisiko ist das am unmittelbarsten wirksame und sichtbare Risiko und hier ist es auch am ehesten möglich, einen Manager zur Verantwortung zu ziehen." (Stocker 2006, S. 27)
Dieses Transaktionsrisiko kann im ERP System im Finanzmanagement wie folgt behandelt werden.

„Wird ein Geschäftsvorfall gebucht, werden die aktuellen Wechselkurse aus dem Fenster Währungswechselkurse der entsprechenden Währung geholt. Zusätzlich werden die Daten in dieser Tabelle dazu verwendet, unrealisierte Gewinne oder Verluste aufgrund von Wechselkursschwankungen zu berechnen, wenn die Stapelverarbeitung Wechselkurse regulieren ausgeführt wird. Mit der Stapelverarbeitung werden beispielsweise zuvor gebuchte Geschäftsvorfälle neu bewertet." (Holtstiege 2009, S. 580)

Tatsächlich befindet sich im Bereich der Wechselkurse eine aufwändige, sich ständig wiederholende Tätigkeit in Dynamics NAV 2009, die über eine SOA besser gelöst werden kann.

„Um den aktuellen Wechselkurs für Geschäftsvorfälle verwenden zu können, sollte die Tabelle wenn möglich täglich aktualisiert werden. Zu beachten ist, dass standardmäßig die Aktualisierung manuell vorgenommen werden muss." (Holtstiege 2009, S. 580)

Gerade im Finanzbereich gibt es aber bereits verfügbare Webservices, die den aktuellen Umrechnungskurs zwischen Währungen zur Verfügung stellen. Beispiele hierfür sind „http://www.xignite.com/" (vgl. Xignite 2009) oder auch der Währungskonverter von „http://www.webservicex.net" (vgl. WebserviceX 2009).

3.2.4 Conclusio und Beantwortung der Frage nach schnellem Erfolg

Die Frage nach dem schnell sichtbaren Erfolg kann hiermit beantwortet werden. Ein schneller Erfolg ist gegeben, wenn Finanzservices täglich nach dem Wechselkurs abgefragt und der Kurs von einem Service der SOA automatisch ins ERP System übertragen wird. Die mühsame Übertragungsarbeit der Wechselkurse entfällt dadurch und es entsteht ein Mehrwert im Finanzmanagement, da die gewonnene Zeit für die Beschaffung von Informationen und zum Abschätzung von Risiken genutzt werden kann (vgl. Stocker 2006, S.36). Im Sinne eines gemeinsamen schnellen Erfolges ist es wichtig, dass die Mitarbeiter im Finanzmanagement die Verbesserungen in der Qualität sich selbst zuschreiben können (vgl. Van Buren 2009, S. 59). Sowohl die Qualitäts- als auch die Effizienzverbesserungen kommen in der Folge auch dem SOA Projekt zugute. In einer SOA ist auch durchaus denkbar, dass über die automatische Überwachung der Wechselkurse bei Über- bzw. Unterschreitung einer gewissen Toleranzgrenze ein(e) Mitarbeiter(in) informiert wird, damit diese(r) die Finanzregulierung der Forderungen und Verbindlichkeiten einleiten und ggf. Hedge-Positionen zur Absicherung aufbauen kann (vgl. Bloss 2009, S. 93).

3.3. Informationsgestaltung und Dokumentation

3.3.1 Eindeutige Kennzeichnung der Anforderungen

Um die Anforderungen eindeutig kennzeichnen zu können wird im verwendeten Vorgehensmodell vorgeschlagen, jede Anforderungen mit einem aussagekräftigen Stichwort zu versehen (vgl. Stein, S. 4). Im Zuge der Anpassung dieses Vorgehensmodelles an diese Arbeit muss nun in Betracht gezogen werden, dass der ERP Dienstleistungspartner oft bereits ein eigenes Anforderungsmanagement besitzt. Da die vom ERP Dienstleister implementierte Geschäftslogik im ERP System verbleiben soll, macht es Sinn, die im Anforderungsmanagement meist bis auf Codeebene durchgezogene Anforderungs-ID als eindeutige Anforderungskennzeichnung für die SOA zu übernehmen. Die Verwendung von Stichwörtern ist zusätzlich dennoch empfehlenswert zur einfacheren Suche. Bei der Definition der Anforderungen ist die enge Zusammenarbeit mit dem Partner obligatorisch.

3.3.2 Die eindeutige ERP Ressourcenkennzeichnung

In Dynamics NAV 2009 besitzt jede Ressource wie z.B. Tabellen, Formulare und Codeunits eine eindeutige Nummer als Identifizierungsmerkmal. Zur Zusammenarbeit mit dem ERP Dienstleister und insbesondere mit deren Mitarbeiter in der Informatik sollte diese Nummer als eindeutige Kennzeichnung für eine

REST Implementierung verwendet werden. Für Tabellen sollte der Nummer ein T und für Codeunits ein CU vorangestellt werden. Diese Ressource ID stellt aber gleichzeitig eine Hürde bei der Kommunikation mit den Angestellten des Unternehmens dar, da sich diese nicht mit Nummern sondern mit der Funktionsweise des Programms auseinandersetzen müssen. Es gibt aber eine zweite Möglichkeit einer eindeutigen Kennzeichnung der Ressourcen. Wird vom Hauptmenü ausgehend jedes Untermenü einbezogen, bis man schlussendlich beim Formularnamen angelangt ist, so kann anhand dieser Ressourcenidentifikation relativ klar eruiert werden welches Formular und welche dahinterliegende Tabelle gemeint ist. Da sich aber im ERP System die Menüstruktur mit der Zeit ändern kann, sollten auf jeden Fall die Nummern verpflichtend zugeordnet werden. Diese Methode der Kennzeichnung über die Menüstruktur wird im Folgenden als Menü – URL bezeichnet.

3.3.3 Zuordnen der Resourcen und Anforderungen zu den Services

Das angepasste Vorgehensmodell empfiehlt die Anforderungskennzeichnungen dem Service zuzuordnen. Neben der möglichst auch bebilderten Anforderungsbeschreibung, die unter der Anforderungskennzeichnung wiedergefunden werden kann, wird für die Dokumentation zusätzlich zu dieser Zuordnung auch die Zuordnung zu den verwendeten Ressourcen notwendig. Diese Zuordnungstabelle sollte daher im Verlauf des Umsetzungsprozesses mit den in dieser Arbeit bereits definierten Informationen auf die vollständige Feldliste bestehend aus Service URL, Anforderungs ID, Ressource ID, Menü URL und Page ID vervollständigt werden. Durch die n:m Beziehung bei Anforderungen und Ressourcen sowie der Menü URL können Mehrfacheinträge erforderlich werden. Für die Speicherung empfiehlt sich langfristig eine Anforderungsdatenbank in der leicht gesucht werden kann oder eine Integration in eine bestehende Anforderungsmanagement Software.

3.3.4 Informationsgestaltungsprozess anhand des Wechselkurs Beispiels

Angenommen die Anforderungsbeschreibung aus der Conclusio für den schnell sichtbaren Erfolg ist unter der Anforderungsnummer Req00001 zu finden, so sollten die zugehörigen EPK Prozessdetails ebenfalls unter dieser Anforderungsnummer gefunden werden können.

Die Währungswechselkurse finden sich im ERP System unter der folgenden Menü ID: Financial Management/Setup/General/Currencies/Exch. Rates/ Currency Exchange Rates.

Um die Trennung von unternehmensfremden und unternehmenseigenen Services darzustellen, eignet sich eine Unterteilung der EPK in die Swimlanes.

Der Prozess zur Überwachung des Transaktionsrisikos kann unter einer Berücksichtigung der redundanten Absicherung von Genauigkeiten fremder Services als solche EPK für die SOA modelliert werden.

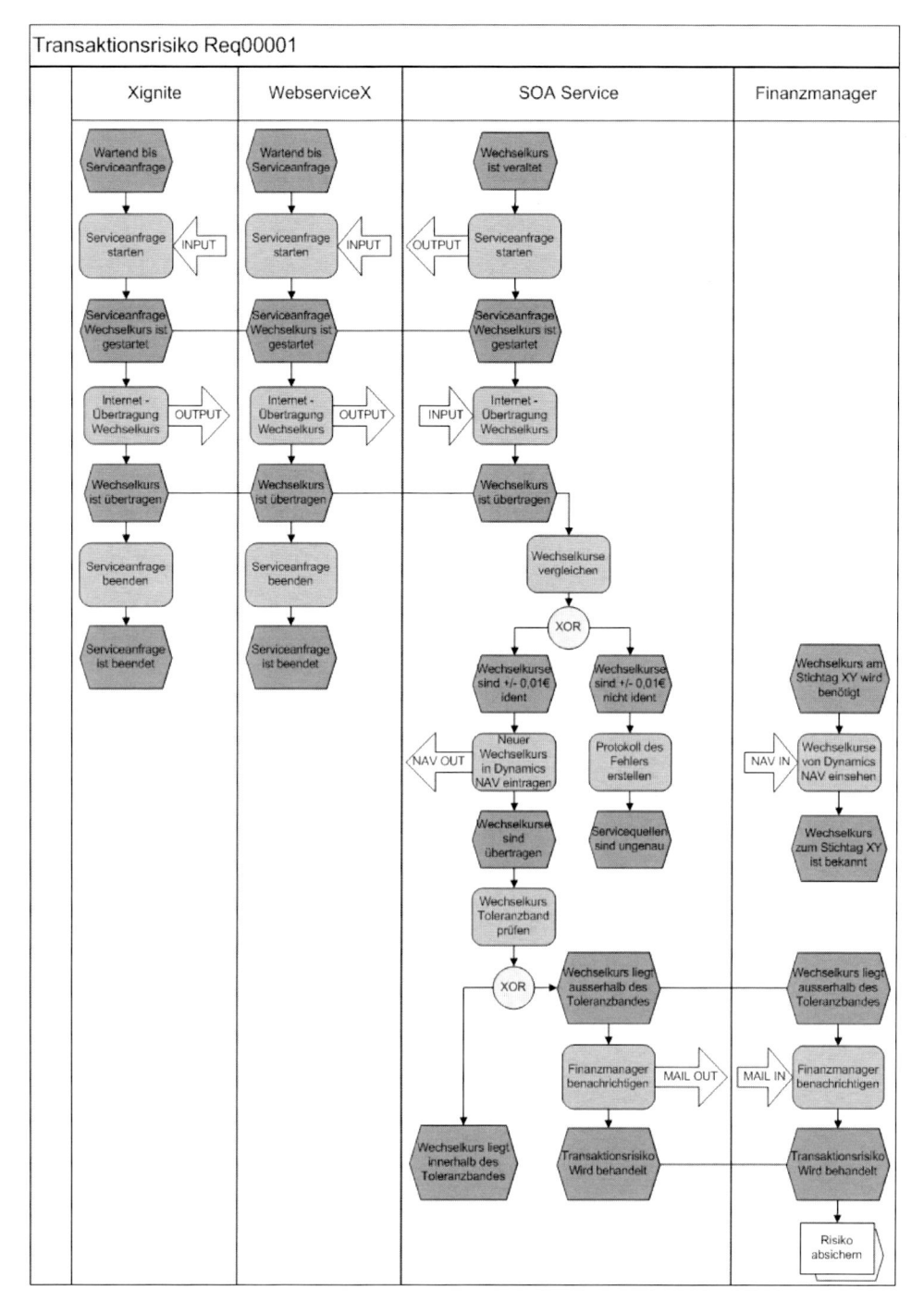

Abbildung 11: EPK des SOA Prozesses zur Vermeidung des Transaktionsrisikos
Quelle: Eigene Ausarbeitung

Dabei wurden die EPK Transformationsregeln für die Swimlanes von Wehrmaker eingesetzt. Die Benachrichtigung des Finanzmanagers bei starken Kursveränderungen wird als E-Mail Benachrichtigung vorgesehen.

Im weiteren Prozessverlauf werden diese Informationen nun um die noch fehlenden Informationen ergänzt.

Im Objektdesigner von Dynamics NAV sind die für die Prozessschritte „Neuer Wechselkurs in Dynamics NAV eintragen" und „Wechselkurse von Dynamics NAV einsehen" notwendigen zwei Ressourcen „Formular 483" und „Tabelle 330" zu finden, wobei die Tabellennummer als Ressource ID verwendet wird.

Mit diesen Informationen wird eine Page erzeugt, die unter der neuen Page ID 50001 im Nummernkreis für die Kundenanpassungen gespeichert wird. Da die Ressource eine Liste der sich ändernden Wechselkurse darstellt, sollte als Page Typ der Typ „List" verwendet werden (vgl. Roys 2008, S. 266). Beim Erstellen einer Page wird immer auch ein Container mit angelegt, für die SOA immer vom Typ „ContentArea" (vgl. Roys 2008, S. 276). Das Ergebnis der Page sieht dann wie folgt aus.

Name	Caption	Type	SubType	SourceExpr
ExchangeRates	<ExchangeRates>	Container	ContentArea	
CurrencyCode	<Currency Code>	Field		"Currency Code"
StartingDate	<Starting Date>	Field		"Starting Date"
ExcRateAmount	<Exchange Rate Amount>	Field		"Exchange Rate Amount"
AdjExcRateAmount	<Adjustment Exch. Rate Am...	Field		"Adjustment Exch. Rate Amount"
RelCurrencyCode	<Relational Currency Code>	Field		"Relational Currency Code"
RelExcRateAmount	<Relational Exch. Rate Amo...	Field		"Relational Exch. Rate Amount"
FixExcRateAmount	<Fix Exchange Rate Amount>	Field		"Fix Exchange Rate Amount"
RelAdjExcRateAmount	<Relational Adjmt Exch Rate...	Field		"Relational Adjmt Exch Rate Amt"

Abbildung 12: Design einer Page für den Wechselkurs Ressourcenzugriff
Quelle: Eigene Ausarbeitung

Eine detaillierte Beschreibung der einzelnen Felder findet sich im Kapitel Finanzmanagement in Microsofts Compliance Leitfaden (vgl. Holtstiege 2009, S. 580-581).

Diese Page wird freigegeben. Die dabei vergebene Service URL für den Zugriff auf den Service wird in die Zuordnungstabelle ergänzt. Die Zuordnungstabelle für die Dokumentation der benötigten NAV Services für den Zugriff auf die Währungskurse ist somit nun vollständig und enthält folgende Daten.

Anforderungs ID: Req00001
Stichwörter: Wechselkurse, Transaktionsrisiko
Service URL: http://localhost:7047/DynamicsNAV/WS/CRONUS
                   _International_Ltd/Page/Exchange_Rates
Resource ID: T330
Page ID: 50001
Menü ID: Financial   Management/Setup/General/Currencies/Exch.
                   Rates/Currency Exchange Rates

Darauf aufbauend können im weiteren Prozessverlauf weitere Services für die Anforderung Req00001 als Workflow mit der WF entsprechend der EPK zusammengestellt werden. Werden obige Einträge in einer Datenbank gespeichert, so benötigen die Datensätze nur noch zusätzlich einen eindeutigen Primärschlüssel.

3.3.5 Conclusio und Antwort auf die Frage nach der Dokumentation

Nach der Anpassung des Servicekonzeptes an die speziellen Bedürfnisse mit Dynamics NAV 2009 ergibt sich aus dem allgemeinen Vorgehensmodell ein spezielles Vorgehensmodell, das den langfristigen Erfolg der SOA mit Dynamics NAV sichern kann (vgl. Stein 2007, S. 10). Durch die Erweiterung der Stichworte um die Dynamics NAV spezifische Informationen werden die Umsetzungsprozesse für die Zusammenarbeit der Informatik und der Prozessmodellierung soweit als möglich optimiert. Das Top – Down Verfahren bleibt erhalten, die EPK wird um die hilfreichen Swimlane – Gestaltungsmöglichkeiten erweitert. Dies hilft bei der Akzeptanz durch die Informatiker, die hauptsächlich mit der Modellierungssprache UML vertraut sind.

3.4. Potential für wertschöpfende Services

3.4.1 Die vollständige Überführung der Buchhaltung

Die bereits angeführten Beispiele zeigen wie viel Potential in den Services verborgen sein kann. Zudem steckt auch Potential in einer vollständigen Überführung der Buchhaltung in abgebildete Services. So sind aus der täglichen Praxis viele Fälle wie Mietzahlungen, Versicherungsleistungen etc. bekannt, in denen manuelle Buchungen in Dynamics NAV notwendig sind. (vgl. Luszczak 2009, S. 389)

Stellen wir uns als ein weiteres Beispiel ein Outsourcing einer stark ins Unternehmen integrierten IT Abteilung vor. Die IT Abteilung muss in einer solchen Situation die Ressourcen - Leistungen verrechnen können, ohne ständig Angebote zu stellen. Hierfür könnten über Rahmenverträge die Leistungen direkt verbucht und die Forderungen ausgeglichen werden, was einer starken Lieferantenintegration und Prozessoptimierung gleichkommt. Das Finanzmanagement bleibt trotz der zusätzlichen Komplexität dieser ständigen Verrechnung entlastet und die Belege können automatisch erzeugt werden. Dennoch ist der Lieferant nicht darauf angewiesen, in Zukunft dasselbe für ihn möglicherweise überdimensionierte ERP System zu benutzen, wie dies bei einer im ERP System abgehandelten Intercompany Lösung der Fall wäre. Dadurch kann sich auch die IT Abteilung als eigenständiges Unternehmen sehen und sich selbst in ihrer IT optimieren.

Durch eine vollständige Überführung der Buchhaltung in eine SOA wird auch ein sukzessiver Wechsel von einem ERP System in ein anderes ERP System ermöglicht, da der Buchungsservice derselbe bleiben kann. Der Big Bang als Umstellungstermin für einen vollständigen Wechsel eines ERP Systems kann dadurch entschärft werden.

3.4.2 Finanzinformationen im Projektmanagement

Durch die Überführung des Finanzmanagements in eine SOA kann sich auch Wertschöpfung im Projektmanagement in der zugehörigen Software ergeben, die auf Finanzdaten angewiesen ist. So ist durchaus vorstellbar, dass Projektmanagement – Werkzeuge auf die SOA zugreifen können, um die Kostenplanung besser im Griff zu haben. Das Kostenmanagement ist ein wichtiges Wissensgebiet im Projektmanagement (vgl. PMBOK 2008, S. 165). Dabei muss immer beachtet werden, dass die Budgeteinschränkung eines Projektes mit weiteren Einschränkungen, den Projektzielen und der Umsetzungsqualität in Wechselwirkung steht (vgl. PMBOK 2008, S. 6). Deshalb ist es essentiell die tatsächlichen Kosten im Projektmanagement zu kennen.

3.4.3 Conclusio und Antwort auf die Frage nach der Wertschöpfung

Das Finanzmanagement bietet Potential für wertschöpfende Services zur Erhöhung der Unternehmensflexibilität, weil durch eine Integration von Finanzdienstleister – Services ins eigene Unternehmen die dadurch gewonnene Zeit für wichtige Tätigkeiten wie z.B. Risikomanagement genützt werden kann. Gleichzeitig kann die SOA durch ihre breiten Kommunikationsmöglichkeiten aktiv auf sich ergebende Risiken auf den Finanzmärkten aufmerksam machen.
In dieser Arbeit wurden Beispiele aufgezeigt, in denen durch die SOA eine echte zusätzliche Wertschöpfung entsteht. Eine SOA sollte aus Sicht der Wertschöpfung von Services aufgebaut werden. Bei einer ERP Umstellung kann die SOA zudem auch noch das Projektrisiko entscheidend verringern.

3.5. Die Antwort auf die primäre Forschungsfrage

Da nun alle Sekundärfragen ausreichend beantwortet sind kann die primäre Frage nach dem Aufbau der Servicearchitektur beantwortet werden. Um parallel zur Geschäftsprozessmodellierung eine SOA aufbauen zu können, ist ein gut funktionierendes Änderungsmanagement und eine gute Zusammenarbeit mit unterschiedlichsten Spezialisten aus mehreren Organisationen im Umsetzungsprozess notwendig. Für die hierfür notwendige Dokumentation im Änderungsmanagement wurde eine Informationsvisualisierung definiert, die alle wesentlichen Zusammenhänge dokumentiert. Darüberhinausgehend wurde in dieser Arbeit ein einfaches Vorgehensmodell für eine SOA auf Basis von Dynamics NAV 2009 angepasst. Für die Informatik steht die notwendige Softwarearchitektur zur Verfügung. Um eine schnelle Akzeptanz des Vorhabens zu finden wurde die Möglichkeit eines schnellen Erfolges vorgestellt.

4. Conclusio

Da die Forschungsfrage im Kern durch Änderungsmanagement, Dokumentation und Visualisierung, Vorgehensmodelle, Prozesse sowie durch eine Softwarearchitektur und der notwendigen Zusammenarbeit der Spezialisten unter Erreichung eines ersten Erfolges nun mit allen erforderlichen Aspekten beantwortet ist, lassen sich einige Schlüsse wie folgt aus dieser Arbeit ziehen.

Die Umsetzung einer SOA stellt eine echte interdisziplinäre Problemstellung dar, für deren Lösung eine Zusammenarbeit der Mitarbeiter aus vielen verschiedenen Bereichen eines Unternehmens erforderlich wird. Eine solche Zusammenarbeit erfordert auch eine starke gemeinsame Vision die idealerweise von der Geschäftsführung nicht nur geteilt, sondern verinnerlicht wird und dadurch die notwendige Kraft erzeugt. Die Mitarbeiter und Führungskräfte eines Unternehmens müssen die SOA zuerst kennenlernen, dann verstehen und schlussendlich auch noch tatsächlich wollen. Dies kann unter Vermeidung der im Paradoxon des schnellen Erfolges liegenden Tücken und der Möglichkeit zur Selbstverwirklichung der Beteiligten im Team gelingen. Auf keinen Fall gelingt ein solches Vorhaben durch die Selbstverwirklichung eines Einzelnen, wie auch die Studien zum Quick Wins Paradoxon in der Jänner Ausgabe des Harvard Business Review von 2009 gezeigt haben.

Ein paralleles Aufbauen einer Servicearchitektur und des zugehörigen Prozessmanagements erzeugt eine entsprechende Dynamik, die auf jeden Fall ein durchdachtes Änderungsmanagement erfordert. In der Theorie sind traditionelle Wasserfallmodelle im Projektmanagement hierfür eher ungeeignet.

Auf dieser Conclusio wissenschaftlich aufbauend könnten moderne agile Projektmanagementmethoden, die eine entsprechende Dynamik in den Vordergrund stellen, für das erforderliche Projektmanagement eine denkbare Lösung darstellen, wobei die wissenschaftliche Fundierung und ein Beleg dieser Aussage für eine SOA noch nicht Teil dieser Arbeit sein konnten. Dennoch sollte dieser Aspekt in Betracht gezogen werden und vielleicht ergibt sich mit der Zeit auch eine ausreichende wissenschaftliche Fundierbarkeit hierfür.

Literaturverzeichnis

Bayer, Jürgen (Hrsg.) (2008): Visual C# 2008. Windows Programmierung mit dem .NET Framework 3.5 – KOMPENDIUM. München. 2008. Markt+Technik

Bloss, Michael. Eil, Nadine. Ernst, Dietmar. Fritsche, Harald. Häcker, Joachim (Hrsg.) (2009): Währungsderivate. Praxisleitfaden für ein effizientes Management von Währungsrisiken. München. 2009. Oldenbourg Wissenschaftsverlag GmbH

Eisele, Wolfgang (Hrsg.) (2002): Technik des betrieblichen Rechnungswesens. 7. überarb. u. erw. Auflage. München. 2002. 1979. Vahlen

Geisler, Frank (Hrsg.) (2007): Datenbanken – Grundlagen und Design. 2. aktualisierte und erw. Auflage. Heidelberg. Wien. 2007. 2006. Redline GmbH. 2007. Mitp

Harby, John (Hrsg.) (2006): ESB Alternative. Online im Internet: URL: http://www.infoq.com/articles/ESB-alternative (Zugriff am 15.11.2009)

Holtstiege, Jürgen. Köster, Christoph. Ribbert, Michael. Ridder, Thorsten (Hrsg.) (2009): Microsoft Dynamics NAV 2009 Geschäftsprozesse richtig abbilden. Ein praxisorientierter Compliance-Leitfaden. Unterschleißheim. Microsoft Press Deutschland

Juric, Matjaz B. Pant, Kapil. (Hrsg.) (2008): Business Process Driven SOA using BPMN and BPEL. From Business Process Modeling to Orchestration and Service Oriented Architecture. Birmingham. Mumbai. Packt Publishing.

Kühne, Stefan. Thränert, Maik. Gebauer, Martin. (Hrsg.) (2006): Model-Driven Integration Engineering. Universtität Leibzig. Online im Internet: URL: http://www.orvia.org/uploads/Projekt.Publikationen/KueTG06.pdf (Zugriff am 29.12.2009)

Liberty, Jesse (Hrsg.) (2002): Programming C#. 2. Auflage. Beijing. Cambridge. Farnham. Köln. Paris. Sebastopol. Taipei. Tokyo. 2002. 2001. O'Reilly.

Luszczak, Andreas. Singer Robert (Hrsg.) (2009): Microsoft Dynamics NAV 2009 Grundlagen. Kompaktes Anwenderwissen zur Abwicklung von Geschäftsprozessen. Unterschleißheim. Microsoft Press Deutschland

MSDN WF4 (2009): A Developer's Introduction to Windows Workflow Foundation (WF4) in .NET 4 Beta 2. Online im Internet: URL: http://msdn.microsoft.com/en-us/library/ee342461.aspx (Zugriff am 29.12.2009)

MSDN .NET4 (2010): Upcoming Changes to .NET Framework 4: Windows Communication Foundation (WCF) and Windows Workflow Foundation (WF), Online im Internet: URL: http://msdn.microsoft.com/en-us/netframework/cc896557.aspx (Zugriff am 29.12.2009)

NWG RFC 2616 (1999): Hypertext Transfer Protocol – HTTP/1.1. Online im Internet: URL: ftp://ftp.isi.edu/in-notes/rfc2616.txt (Zugriff am 5.1.2010)

OASIS (2010): UDDI Specifications. Version 2 und Version 3. Online im Internet: URL: http://www.oasis-open.org/committees/uddi-spec/doc/tcspecs.htm (Zugriff am 5.1.2010)

Office Visio (2010): Demo: Aussagekräftige Daten mit Datengrafiken. Online im Internet: URL: http://office.microsoft.com/de-at/visio/HA101829791031.aspx?pid=CH100740891031 (Zugriff am 5.1.2010)

OMG UML (2009): Documents Associated With UML Version 2.2. Online im Internet: URL: http://www.omg.org/spec/UML/2.2/ (Zugriff am 2.1.2010)

PMBOK (2008): A Guide To The Project Management Body Of Knowledge (PMBOK GUIDE). Fourth Edition. Atlanta. Project Management Institute

Roys, David. Babic, Vjekoslav (Hrsg.) (2008): Implementing Microsoft Dynamics NAV 2009. Explore the new features of Microsoft Dynamics NAV 2009, and implement the solution your business needs. Birmingham. Packt Publishing

Schulte, Christof (Hrsg.) (2009): Logistik: Wege zur Optimierung der Supply Chain. 5. überarb. u. erw. Auflage. München. 2008. 1990. Vahlen.

Scribner, Kenn (Hrsg.) (2007): Microsoft Windows Workflow Foundation. Schritt für Schritt. Unterschleißheim. 2007. Microsoft Press Deutschland. Microsoft Windows Workflow Foundation. Step by Step. Übersetzt von Thomas Irlbeck.

Siemens (2009): BizTalk / VDA Architekturpaket. Maßgeschneiderter Architekturkern zur Sicherung unternehmensübergreifender Geschäftsprozesse Online im Internet: URL: http://download.microsoft.com/download/A/A/E/AAE710CA-B60E-471B-AB3C-B2D6268D5694/Architekturkern.pdf (Zugriff am 6.01.2010)

Starke, Gernot. Tilkov, Stefan (Hrsg.) (2007): SOA – Expertenwissen. Methoden, Konzepte und Praxis serviceorientierter Architekturen. Heidelberg. 2007. DPunkt

Stein, Sebastian. Ivanov Konstantin (Hrsg.) (2007): Vorgehensmodell zur Entwicklung von Geschäftsservicen. Online im Internet: URL: http://sebstein.hpfsc.de/publications/stein2007ie.pdf (Zugriff am 8.10.2009)

Stocker, Klaus (Hrsg.) (2006): Management internationaler Finanz- und Währungsrisiken. 2. vollst. überarb. Auflage. Wiesbaden. 2006. Betriebswirtschaftlicher Verlag Dr. Th. Gabler. GWV Fachverlage GmbH

Van Buren, Mark. Safferstone, Todd (2009): "The Quick Wins Paradox". In: Harvard Business Review, January 2009.

WebserviceX (2009): Currency Converter. Online im Internet: URL: http://www.webservicex.net/CurrencyConvertor.asmx?op=ConversionRate, (Zugriff am 20.12.2009)

Wehrmaker, Tristan (2007): Konzept und Implementierung von Swimlanes in Ereignisgesteuerten Prozessketten. Bachelorarbeit an der Gottfried Wilhelm Leibniz Universität Hannover. Hannover. Zugleich Online im Internet: http://www.se.uni-hannover.de/documents/studthesis/BSc/Tristan_Wehrmaker-Konzept_und_Implementierung_von_Swimlanes_in_Ereignisgesteuerten _Prozessketten.pdf (Zugriff am 29.12.2009)

Wöhe, Günter (Hrsg.) (2005): Einführung in die Allgemeine Betriebswirtschaftslehre. 22. neubearb. Auflage. München. 2005. Vahlen

W3C SOAP (2000): Simple Object Access Protocol (SOAP) 1.1. Online im Internet: URL: http://www.w3.org/TR/2000/NOTE-SOAP-20000508/ (Zugriff am 29.12.2009)

W3C WSDL (2001): Web Service Description Language (WSDL) 1.1. Online im Internet: URL: http://www.w3.org/TR/2001/NOTE-wsdl-20010315 (Zugriff am 29.12.2009)

W3C XML (2008): Extensible Markup Language (XML) 1.0 (Fifth Edition). Online im Internet: URL: http://www.w3.org/TR/2008/REC-xml-20081126/ (Zugriff am 29.12.2009)

Xignite (2009): On-Demand Financial Market Data. Online im Internet: URL: http://www.xignite.com/ (Zugriff am 20.12.2009)